唐诗是一曲风流8

上官婉儿诗传

徐媚/著

时事出版社

图书在版编目(CIP)数据

唐诗是一曲风流.8,上官婉儿诗传/徐媚著.—北京:
时事出版社,2015.8

ISBN 978-7-80232-861-7

Ⅰ.①唐… Ⅱ.①徐… Ⅲ.①上官婉儿(664~710)-传记
②上官婉儿(664~710)-唐诗-诗歌欣赏 Ⅳ.①K825.6 ②I207.22

中国版本图书馆CIP数据核字(2015)第144150号

出版发行:时事出版社
地　　址:北京市海淀区万寿寺甲2号
邮　　编:100081
发行热线:(010)88547590 88547591
读者服务部:(010)88547595
传　　真:(010)88547592
电子邮箱:shishichubanshe@sina.com
网　　址:www.shishishe.com
印　　刷:北京建泰印刷有限公司

开本:880×1230 1/32 印张:10 字数:195千字
2015年8月第1版 2015年8月第1次印刷
定价:29.80元
(如有印装质量问题,请与本社发行部联系调换)

前言

她出身名门，身负家族仇恨。她有将相之才，无奈生为女儿之身。她文采斐然，在官场上左右逢源、游刃有余，练就了罕见的政治胆略和宫廷智慧，成为唐代纵横政坛和文坛的一代才女。她，一生周旋于宫廷之争，最后在政变中香消玉殒。她，就是上官婉儿。

上官婉儿自幼才思敏捷、诗词出众，其诗词风格多与祖父上官仪相似，传袭了“上官体”之风。她是一个在襁褓中便沐浴血雨腥风的女子，凭借智慧、胆略、文采走出黑暗掖庭，从一个无名宫女步步高升，为武则天重用，参与政事，掌管宫中制诰多年，是武则天一生中最得力的助手。

唐中宗时，她又被封为昭容，代朝廷品评天下诗文。可自古红颜多薄命，上官婉儿在权力与欲望中渐行渐远，最终招来杀身之祸。在唐景宗四年（公元 710 年）李隆基发动的政变中，她被处死，年仅四十六岁。上官婉儿死了，她的文学成就却流传下来，她的诗文一改江左萎靡之风。

她弄权，有才，却情路坎坷，与皇亲宗室产生暧昧情愫，一生与几个男人爱恨痴缠。可她的爱情终不过是昙花一现，最终璀璨凋零。

说到底，人生不过是一场一个人的烟花——盛开，凋谢；再盛开，再凋谢。她的一生，大抵也是如此。

本书以史实为依据，全面展开“巾帼宰相”上官婉儿沉浮的一生，并附其诗作以供研读。揭开历史的面纱，我们将看到一个活生生的、有血有肉的上官婉儿，她的爱与恨、情与愁、美丽与才情，以及她的喜怒哀乐，都将触动我们灵魂的最深处。

目录 CONTENTS

第五章　爱情中的温柔甜蜜：风花雪月，情意绵绵

第六章　重用后的赤胆忠心：称量天下，巾帼女杰

第一章

掖庭中的血雨腥风：襁褓入宫，生而为奴

中宗上官昭容，名婉儿，西台侍郎仪之孙也。父庭芝，与仪同被诛，婉儿时在襁褓，随母配入掖庭。及长，有文词，明习吏事。

——旧唐书

第一节

祸从天降

上官仪怎么也没有想到，今日竟然成了自己的死期。

宣读圣旨的官吏读着上官仪的罪名：与废太子忠勾结，意图谋反。另有些臧否的话，大概是说上官仪是罪大恶极的人，什么“离间二圣，无人臣礼”。为官多年的上官仪自然明白自己真正的罪名是什么。表面上看起来不起眼的这八个字，才是他满门忠烈而今却沦为阶下囚的原因。

上官仪官拜宰相，官职为西台侍郎同东西台三品，可以说正值仕途如日中天的时期。他以自己盖世的才华和多年的忠心驰骋官场，却不想竟然栽了这样一个大跟头。当年唐太宗在位的时候，上官仪也算是御前受器重的人，每每太宗亲自起草诏书的时候，都要上官仪给予意见，然后再向下颁布和实行。太宗驾崩后，高宗即位，对上官仪的才华也很看重，多次为其加官进爵，直至位列宰相。

通过科举考试而位极人臣，终于实现自己多年夙愿的上官仪，此刻成了热锅上的蚂蚁，但他不怕死，怕的是死后的天下、死后的朝廷。

唐高宗这么宠信武后，任由武后专权，上官仪几乎看到了李唐王朝日落西山的图景。他也正是因为担忧武后的专权会影响到社稷的安危，才在唐高宗对武后深恶痛绝的时候，想要促成废后一事。当皇帝问上官仪对此事的意见时，他几乎不假思索地说出了百官的心声："皇后专恣，海内失望，宜废之以顺人心。"高宗没有如以往一般袒护皇后，而是命上官仪起草了一份废后诏书，才华横溢的上官仪即刻完成了。墨的香味在整个房间中飘散着，令上官仪有些喜不自胜，懦弱的皇帝终于清醒了，明白了什么才是一个君王该有的责任和担当。

却不想，未等诏书的墨迹变干，闻讯赶到的皇后武氏已经闯了进来，在场的上官仪和唐高宗都惊呆了。武氏径自夺过上官仪手中的诏书，粗蛮地扔到地上，便开始了哭诉，其间夹杂着对皇帝想要废除自己的痛心和委屈。这样梨花带雨的美人，说起道理来还头头是道，唐高宗马上又变回了往日对皇后言听计从的样子，屏退了左右。唐高宗将对自己妻子的愤怒和猜疑一股脑地抛之脑后了，此刻的他不像一位呼风唤雨的一国之君，更像一个普通的男人，因为和妻子闹别扭而想要休妻，但情比金坚的他们终归是和好如初了。

上官仪带着几分失落离开了皇宫。想到当今圣上在位几年来的循规蹈矩，对武皇后的百依百顺，上官仪感到深深的失望。他又想起了先皇在位时天象预示出的“女主昌”和“并杀伐”，这让人不寒而栗的预言今日竟当真要发生了吗？原来那个危及李唐王朝的人不是李君羡，而是当今的武皇后。想到这里，他感到一股深切的悲伤，行走在夜凉如水的秋风中，不觉就到了距离兴庆宫不远的上官府。

上官府修得很漂亮，对得起他这个宰相的头衔，府中雕梁玉柱、回廊幽深，花园中菊花的清香扑面而来。想到古代以菊花来表达文人的高洁和卓尔不群的风骨，他感到欣慰了不少。

后来，高宗再也没有提起过废皇后的事情。经此一事，高宗和武后的感情显然更加如胶似漆，聪明的武后自然明白，即使高宗再懦弱，他也是掌握着她命运的那个人，她不得不有所收敛自己的行为。但武后还是要追究的，尽管不能拿皇帝怎么样，却可以打压其他想把她拉下马的人。

上官仪当时就明白，武后最终是容不下他的。尽管武后对他的文采也颇为赏识，但这种赏识与他企图废掉皇后的威胁相比，显得很是微不足道。他的幕僚建议他早做防范，或者干脆去跟武后表忠心，也许武后可以不杀他，起码能够不连累他的家人和朋友。

上官仪不愿意出卖比自己生命还重要的风骨和操守，不愿意做左右摇摆的墙头草，即使肝脑涂地，他也心甘情愿，因为他尽了臣子的责任。至于他的家人的命运，就只能听天由命了。因为他知道，儿子庭芝也会看不起一个没有节气、苟且偷生的父亲。庭芝的妻子郑氏如今有孕在身，整个上官府沉浸在迎接新生命的欢乐中，却不想血光之灾即将到来。

“上官大人，接旨吧!”响亮的声音将上官仪从回忆中拉回到现实。他明白，该来的总会来的。上官一族，不论长幼，统统被收监，包括刚刚产下幼女的郑氏。不容半句辩解，圣旨被下达的那一刻，上官仪就知道自己百口莫辩了。

谋反？父亲上官仪忠心耿耿，这其中肯定有天大的误会。上官庭芝想要面圣，代父亲请命，却没想到，他也一并被押入了大牢，听候发落……

上官庭芝年少气盛，怎能容许父亲被人这样陷害。他自然不知道这灾祸的根源不过是一份诏书，但这份诏书又有千斤重，重到能让上官一族尽数丧命。

上官仪能做的只是摇摇头，感叹“欲加之罪，何患无辞”。还没来得及多看看上官婉儿，上官仪和儿子上官庭芝就被送入了死牢，而怀抱婉儿的郑氏免于一死，被带到掖庭成为永世不得翻身的宫奴。

郑氏不能探望丈夫和公公，每日以泪洗面，也没有人可以诉说。她想到过死，先用毒药毒死自己的孩子婉儿，再服毒自尽，黄泉路上他们一家人还能有个伴。但只要一看到怀抱中眉清目秀的孩子的笑脸，她就有些于心不忍了。这种沦为奴婢的日子是没有尽头的，苟活于世并非她所愿，但为了孩子，她知道自己要忍。每当夜深人静的时候，伴随着婉儿啼哭声的，是从睡梦中愕然惊醒的郑氏的哭喊，她恍惚看到了刑场上彪悍的刽子手，一手提着一颗鲜血淋漓的人头，正大步朝自己走来，那两个人头就是自己丈夫和公公的。

第二节

深宫寒院，冷凄凄

唐高宗麟德元年（公元 664 年）十一月，出生不过一个月的上官婉儿随母亲郑氏从高府大院被押到深宫中最卑微的所在——掖庭。郑氏从不知道世界上还有这样的地方，这里的人没有尊严，是身份最为卑贱的奴仆，一生的命运都掌控在别人的手中。

她一介女流，如何才能拒绝这样的命运呢？能做的只是随波逐流地生活罢了。

只要一闭上眼睛，她就会想到被遣送到掖庭的那个风雪之夜。她穿着宽松破旧的囚服，怀抱着不过一个月大的女儿，被押上一辆囚车，雪花从空中坠落，更让人感觉多了几分寒冷。她本已心如死水、视死如归，却没想到，武后赦免了她跟女儿的死罪。但死罪可免，活罪难逃，她失去了尊贵的身份，被贬为宫婢。

同为女人，武后竟能够呼风唤雨至此，这叫她感到极为疑惑，也对这个有着血海深仇的女人充满了好奇。

上官仪父子死后，武后为除掉了一个心腹大患而感到轻松许多，但同时又有几分惋惜。毕竟，她比任何人都明白，上官仪罪不至死，他并不是一个野心大到想要篡位的人。只是，为了维护自己皇后的位置，她不容许自己有任何悲天悯人的情怀，能做的只有快刀斩乱麻，永绝后患。

随后，她就向高宗提出了迁都的要求。表面上的原因是上官仪的事情让她心有余悸，夜不能寐，头疼得厉害。事实上，从这时候起，武后就有谋夺权力的计划了，迁都对于她来说是一个好的开端，是一个新时代来临的标志。懦弱的高宗耳根子软，听从了武后的建议，把都城从长安迁到了洛阳。

麟德二年（公元 665 年）正月，圣驾离开长安，奔赴八百五十里外的东都。从此以后，唐高宗再也没有回过长安，一个新的都城——东都洛阳正悄然崛起，书写着唐代的一个个传奇。

上官婉儿和母亲也像皇宫中其他的人一样，随着二圣一起从长安搬到了洛阳，离开了那个再熟悉不过的故乡。她们的人生也许会有一个新的开篇吧，正如武后对自己的人生所预期的那样。

郑氏以前在府上多是料理内务，从不过问男人外面的事。但如今，她反而多了几分对外面世界的敏感，总听掖庭里的人嚼舌根，也对朝堂上发生的事情略知一二。对于武后迁都的事情，她觉得惊愕，一个女人的一句话，居然能改变一个国家的走向，这是多么荒唐，又是多么大的权力啊！

但让郑氏想不到的是，武后能做的不仅仅是迁都，她甚至刚刚在洛阳站稳脚跟后，又开始准备筹划已久的封禅大典。这是唐朝建立以来从未发生过的事。尽管以前太宗皇帝在位的时候曾有过这样的想法，但因为大臣魏徵等人谏言说，这样的大典会耗费巨大的人力物力，实在不适合刚刚建立的唐王朝，于是体恤民情的太宗皇帝便作罢了。

如今，这个曾经是李世民女人的小女子，却想着完成前人半途而废的事业。

终于，在武后的周密部署和细心安排下，前往泰山的封禅大典如期举行，随行人员众多。这场投入巨大物力和财力的封禅活动历时四个多月，一百三十一天。

按照常理，帝王去泰山封禅，女眷是不能参加的，即便拥有像武后这样一人之下、万人之上的身份。但武后早已经权倾朝野，尤其是上官仪死后，文武百官无不对她忌惮三分，她若想去，没有一个官员敢站出来加以阻挠。因此，在五岳之首的泰山之上，武后同高宗一起享受到了只有君主才该享有的殊荣。

封禅期间，皇宫里分外冷清，可郑氏带着女儿生活的永巷却比平时更为忙碌，因为宫中的人手不够，所以很多内廷的工作也交给了永巷里的人来完成。本以为能够轻松一些的她，现在不得不继续做那些粗重的活计。

第三节

称量天下的预言

妇人有泪缘夫洒，母女无辜幽深宫。

风扬雪卷初无意，雏凤邀入九重门。

一个未满周岁的女婴，刚刚来到这个复杂的世界，她甚至还分不清楚什么是好坏美丑，就已经被打上了宫婢身份的印记。女婴的母亲眉宇间有种高贵的傲气，一看就知道不是寻常的奴婢。

当年轻的母亲怀抱着啼哭的婴儿出现在永巷的时候，永巷里的人就感到特别新奇，他们从没见过这么小的奴婢，不过一周岁，想想也必定是苦命的人。有好事者异乎敏感地觉察到这母女俩背后一定潜藏着大事。这深宫之中毕竟是藏不住秘密的，后来几乎人人都知道这是罪臣上官仪的家人。

女婴上官婉儿可以在任何环境中生活，因为她才睁开眼睛看过这个世界，还未来得及适应上官府的富丽堂皇，就被遣送到了这个阴寒潮湿的地方。大家闺秀郑氏养尊处优惯了，现在她却住在了自己一生都料想不到的所在，一个像地狱一样的地方。残破的窗棂，整个房间里散发着一种古怪的气味，每天有数不尽的活儿要做，可能是因为她从未做过什么，因此觉得每一件事情都分外艰难，再加上还要照顾女儿婉儿，她有时候甚至连饭都吃不上。她不再是上官府的少夫人了，再没有人给她端上美味可口的食物了。

她告诉自己要强大，想想婉儿未出生时候的那个梦吧，多么美妙的梦，也许真的有天能实现也说不准呢。失落的时候，她总是用这个梦来鼓舞自己。梦里有一个身形高大的巨人，在荒芜的原野中缓缓地朝她走来，递给她一把秤，告诉她："此可称量天下。"当时她跟丈夫庭芝提起过这个梦，觉得很高兴。"称量天下"可是吉兆，也许这是老天在告诉她，她的肚子里面有个能成大事的儿子。孩子的爷爷可是当朝宰相，这孩子以后肯定会有出息的，对于这一点，郑氏是丝毫没有怀疑过的。况且，这样的梦于她而言是锦上添花的好事。意料之外的是她生出的是个女儿，一个小小女子，以后怎么可能去称量天下呢？

郑氏恨武后，发自内心地仇恨，但这恨又夹杂着几分恐惧。她甚至梦到自己可以接近武后，可以轻而易举地杀死她，为上官一族报仇，但总是在最后关头放下了手中的毒酒。她不知道是什么原因让自己放弃的，也许是武后那阴霾的眼神吧。

尽管被人仇恨，武后现在却是权倾朝野的人，基本上已经完全操控皇帝了，现在正掌控着整个王朝。郑氏想，女子或许也能成就一番事业，但是她不希望女儿婉儿与武后那样的事业结缘，只要女儿能离开这个地方，找到一个可靠的男人，摆脱永世为奴的身份她就心满意足了。

“我的东西呢？你们谁看见我的东西了？”刚刚给孩子喂完奶的郑氏发现自己枕头底下的首饰和银票都不见了。这可是她的哥哥郑休远托人偷偷从宫外带来的细软。

她急慌慌地抱着婉儿走出了房间。因为有很多活儿要干，她都是趁着婉儿睡着的时候才去做些浆洗的活儿，离房间不算太远，以便孩子有什么动静能第一时间赶回来。每次都没有丢什么东西，这不过一会儿的工夫，她回来给孩子喂个奶，值钱的东西就都不翼而飞了。

外面的宫人们面面相觑，好心的人劝她再找找，不怀好意的人就直接说起了风凉话：“还以为自己是官太太呢，能有什么值钱的东西，哼……”

听到这样的话，郑氏的眼泪忍不住从眼眶中流了出来，她告诉自己不要哭，却还是忍不住，整个世界在她的面前已经模糊了。

“我的东西真的不见了，你们谁看到了呢？”她哽咽着说。

“什么意思，难不成是我们有人偷你东西了？”总有人落井下石，欺凌弱者。

郑氏的个性向来温吞，在上官府的时候对下人就好得不得了，甚至都未骂过他们一句。现在被人这样一句接一句地呛，她白皙的脸庞已经红了，像是天边的夕阳。

“吵什么呢，干活，是想吃嘴巴吗?”是管理掖庭总务的宦官在喊，他这一句让所有人都沉默了。大家像牛马一样，又麻木地开始了手中的活儿。

类似的事情总是在发生。比如，总是有人故意弄脏她洗好的衣服，她不得不再返工，寒冬腊月还要被罚用冷水在院子里洗衣服。如果针线活做得不好，也会受到各种稀奇古怪的惩罚。甚至还有管事的占她的便宜，趁着给她分配工作的时候，偷偷摸她的手，捏捏她的肩膀。郑氏开始的时候还会委屈、哭泣，甚至感叹命运的不公。她不明白，她的命运本来已经够悲惨的了，怎么还有人忍心这么对待她呢，何况她还有个孩子要照顾。苍天啊，大地啊，你们开开眼吧！可渐渐地，她明白了，这就是现实，如果不能拒绝的话，她能做的只有接受。

她知道自己已经不是那个高贵的女子了，早已沦为和这些宫人一样任人蹂躏的可怜人了。婉儿一天天长大，她在这样艰苦的环境中没有如郑氏所担忧的那样夭折，反而如荒野中的野草一样强劲地生长着。转眼间，五个春秋过去了。婉儿已经长成一个眉清目秀的小姑娘，聪明伶俐，可以帮郑氏做很多事情：在母亲累的时候给她捶背，在母亲难过的时候给她擦眼泪。她像个小大人一样给郑氏带来了莫大的安慰。

掖庭这个如深渊一样的地方，住的不是有罪的人，就是身份卑贱的人，每个人眼神中都有种看不到未来的荒凉。小婉儿或许是唯一一个不曾拥有这种荒凉的人。她从未听母亲提起过自己的身世，她只知道自己的祖父是一个很有才华的人，父亲是一个很善良的人，其他的她就不太清楚了。小孩子总是有好奇心的，她忽闪着大眼睛问郑氏："祖父和父亲去哪里了？"

每当此时，郑氏都会抬头指指头顶上蔚蓝色的天空。

小婉儿点点头："天上是个好地方。有白白的云朵，夜晚还有明月和星星。我们为什么没有一起去呢？"

郑氏苦笑："时机未到。"

第四节

走出囚笼

一日，掖庭里来了一位看起来身份显赫的贵人，他不同于掖庭中宫人的穿衣打扮，立刻引起了众人的注意。只见这名年轻男子看起来不过三十多岁，容光焕发，眉宇间有一股凛然之气，大有不可冒犯之威严。

原来，这个人就是当朝宰相裴炎，此刻他面前站着的是一个低眉顺眼的宫人，好像正和他汇报什么情况。

清早起来的郑氏看到窗前的树梢上有喜鹊叽叽喳喳地叫个不停，心想这肯定是个好兆头。难道是弟弟郑休远要来看自己了吗?前些天不是刚刚来过。她实在想不到除了自己娘家人以外，还有谁愿意和她这样的罪臣家属有所瓜葛。

自从上官仪父子被斩首之后，与上官府有过关联和往来的人，都受到了牵连。右相刘祥道因为素来与上官仪亲厚而被降职为司礼太常伯，左相郑钦泰等朝廷官员也未能幸免，通通不是被革职查办，就是被流放充军。

正思考着，郑氏被门外的喧哗声拉回了现实："郑妹子，有人来看你了，快出来。"

她闻声向门外走去，只见那老妇正笑眯眯地敲门，身后站着的正是裴炎。

"这位是?"郑氏是知书达礼的大家闺秀，只见微微向前倾了倾身子，算是向眼前这个陌生男子问好。

对方颔首一笑，并未多言，只说了一句"在下裴炎"，便将目光转向了郑氏身后的小丫头上官婉儿。

郑氏觉得这个名字很耳熟，却又突然想不起在哪里听到过了，只拼命在记忆的海洋中搜寻，不大确定地说："您是公公的……学生……我没记错吧?"似乎是有所忌讳，郑氏的声音变得很小，生怕被人听见似的。裴炎颔首。

这个裴炎出身名门望族，尽管曾经是上官仪的学生，但因没有和上官仪有过太多的往来，加上家世显赫，还是皇帝的二儿子李贤的老师，就没有受到牵连。他对上官一族的命运一直深表同情。

郑氏赶紧请裴炎进屋，两人少不得一番寒暄。裴炎从进来的那一刻就在观察房子的陈设和环境，不禁摇了摇头，觉得上官家的后人在这样的环境中勉强活着，非常惋惜。他询问了婉儿的情况，眼前的这个小姑娘可是师父唯一的后人啊!

“不过是每天陪着我，我尽量教她写字读书，不过我的才学有限，只求别污了先人的英明罢了。”

裴炎自然明白郑氏言语里的感叹，上官仪可是本朝引领一代文风的人，他的“上官体”引来当年很多文人雅士的效仿，那样的诗歌也只有老师那样博学的人才做得出来吧。

“嫂夫人，择日让婉儿去内府文学馆读书，你看可否？”

这样的建议正合郑氏心意，她大喜过望，赶紧起身，欲作揖：“裴贤弟，请受我一拜。”

裴炎赶紧上前扶住了郑氏：“这可是折煞小弟了。当年若不是恩师的提携指点，我也不会有今天。”

“婉儿也谢谢叔叔。”没人能想到这个五岁的小女孩竟这样懂事。其实，从这个陌生叔叔一进门，上官婉儿就一直目不转睛地盯着他，丝毫也不别扭和怕生。这样的胆识倒是有几分像上官家的人。

裴炎看着眼前这个身穿深棕色麻布衣服的小姑娘，觉得这个小人儿很可爱，一点儿也不像是一个自小在永巷受苦的孩子，倒有几分名相之后的风范。具体是什么，他也说不清楚，总觉得这个孩子眉宇间有一股傲气，以后肯定不会是池中之物。

就这样，因为裴炎的关系，婉儿有幸进入内廷文学馆读书，正式开启了自己的文学生涯，这也成为改变上官婉儿命运的关键一步。

文学馆内的先生并没有因为上官婉儿是罪臣之后而对她有所轻

慢，相反，可能是文人间的悲悯情怀在起作用吧，先生对婉儿多有照顾，加上婉儿生性聪明伶俐、才思敏捷，先生更加喜爱她了。

郑氏此刻也感到前所未有的幸福，想来是老天庇佑吧，才让婉儿不至于成为一个真正意义上的奴婢。其实，她不止一次地担忧过，名门之后的婉儿会因眼前的不幸而沦落为目不识丁的女子，或者因没有得到她本该拥有的受教育的机会而虚度此生。婉儿是上官一族的希望啊，如果不能好好培养她长大成人，她就是死了也无法面对九泉之下的公公和丈夫。

第五节

婉儿初长成

婉儿总是跟在母亲身后，帮母亲做很多力所能及的事情。郑氏闲来无事的时候，常常会就女儿读书上的问题进行提问，偶尔也会纠正女儿读书时犯下的小错误。她希望自己的女儿是一个多才多艺的女子。

本以为就这样安稳地度日子了，却不想，该来的总归会来，有些秘密是无法永远守口如瓶的。

这天，郑氏正在祭拜死去的公公和丈夫。宫廷规矩严苛，尤其是像她这样的罪臣家眷，更不能随意祭拜先人。但是郑氏实在不忍含冤而死的家人被人遗忘。所以，即使是冒着犯罪受罚的风险，她还是决意要这样做。这天，正巧是婉儿要帮着先生整理书籍的日子，她很放心，不会被女儿撞见。

郑氏正双膝跪在蒲团上，念念有词地祈望菩萨保佑黄泉之下的家人，一阵突如其来的推门声将她惊住了。她感到很恐惧，毕竟自己是背着人偷偷祭拜的，她慌忙站了起来，用身体挡住了公公和丈夫的牌位。

待她抬头看清楚来人时，才深深地吁了一口气，是上官婉儿。

但随即，郑氏又双手交叉，紧张得不知该如何是好。

其实，郑氏一直在纠结，到底该不该将身上背负的血海深仇告诉婉儿。以前她选择不说是因为婉儿还小，她不愿让一个几岁的女孩背负太多的仇恨。如今，十一岁的婉儿似乎已具备了明辨是非的能力。婉儿比同龄人显得更加早熟，完全不像是一个十一岁的孩子，倒像是个十六七岁的成年人了。婉儿已经不满足于小时候从母亲那里听到的有关身世的信息，不相信人能在天上生活，她明白人死如灯灭。或许已经到了该让女儿知道真相的时候了。

“母亲，您在干什么？”上官婉儿疑虑重重地看着眼前有些苍老的母亲。

“祭拜你的祖父和父亲。”郑氏尽量让自己的语气显得平静些。

上官婉儿笑了：“那何必偷偷摸摸的，您该叫上我一起。”

郑氏没想到女儿的反应会这样从容，就更有些不知所措了。难道女儿早已经知道自己的身世了？这掖庭人多嘴杂，她早该想到这一点了。

“你知道了？”郑氏忧心忡忡地看着女儿，觉得有些不认识她了，婉儿远远比她想象得要成熟。

“知道了，皇后是我的仇人。”婉儿的这两句话更是叫郑氏惊愕万分，十一岁的女儿居然敢说出这样的话，尽管这是事实，却是她这样蹉跎半生的人都不敢轻易开口说出的。

原来是弟弟郑休远告诉上官婉儿的。这倒是郑氏始料未及的，她没想到弟弟没跟自己打声招呼就把这所有的事情都告诉了孩子。

郑氏走上前，轻轻抚摸着女儿圆圆的脸庞，想要说些什么，却忍不住哽咽了。不堪回首的往事总是有这样催人泪下的魔力。小婉儿倒是表现得很坚强，她抱住了面前的母亲，轻轻地拍打着她瘦削的肩膀：“放心吧，以后您有我了，您什么事情都可以让女儿来分担，再也不用一个人憋在心里了。我会让您以我为荣的。”

其实，于郑氏而言，婉儿如今这么懂事大方，她已经感到欣慰和荣耀了。婉儿总是让她想起死去的丈夫上官庭芝，浓密的眉毛，颇有几分男子的英气，那是随她父亲的，还有举手投足间的豁达和大方，更不像是寻常女子所拥有的。她有时候觉得婉儿更像是一个男孩子。

多年后，当上官婉儿成为朝廷中的显赫人物时，郑氏才忽地想起，当年女儿曾给自己许下过这样的承诺——要自己以她为荣。往事如梦，郑氏怎么也想不到自己的女儿能有如此大的作为。

第二章

伴君时的喜忧参半：乍露才情，荣受恩宠

婕妤懿淑天资，贤明神助。诗书为苑囿，捃拾得其菁华；翰墨为机杼，组织成其锦绣。年十三为才人，该通备于龙蛇，应卒逾于星火。

——大唐故婕妤上官氏墓志铭并序

第一节

初显才情

仪凤元年（公元676年），随着武后势力愈盛，她被尊称为“天后”，而高宗被尊称为“天皇”。仪凤三年（公元678年）春，唐高宗和武后在宫中大摆筵席，皇亲国戚、朝廷重臣尽数参加，甚至还包括蛮族的首领。自迁都洛阳以来，武后帮助丈夫高宗将政务处理得井井有条，且勤勉不怠，今天的筵席算是皇帝对自己妻子的犒赏。

武后今日也很高兴，觥筹交错之间，即兴赋诗一首。她也算是个有才华的女子，诗云：九春开上节，千门敞夜扉。兰灯吐新焰，桂魄朗圆辉。送酒惟须满，流杯不用稀。务使霞浆兴，方乘汛洛归。

这首诗做得倒是应景，很符合当夜圆月当空、众人喜乐的场面，高宗大赞能干的妻子，大臣们也各个表示称颂。众人继续饮酒畅谈，觥筹交错间，乐声起，几个身材妖娆的宫娥缓缓步入了正厅，翩翩起舞。

真是此景只应天上有，整个宫殿都沉浸在一片喜乐之中。曲毕，宫娥渐次退下，只留下筵席间伺候的宫人。兴致颇高的高宗提议让宫人也参与进来作诗，要是谁能作出让他满意的诗来，他重重有赏；如若没有，可是要处罚月俸的。

这样的要求让在场的宫人们面面相觑。宫里侍奉的宫娥和宦官多是身份低微的人，而且很多是从小就长在深宫，根本没受过太多的教育，能识几个字就不错了，怎么可能会作诗呢？

就在众人面面相觑的时候，宰相裴炎建议道："听闻掖庭里有个才女，不如叫她来给大家作几首小诗，陛下看如何呢？"

高宗觉得麻烦，只是寻欢作乐的事情，还需要这么大费周章，有些想作罢了。不料武后回道："我也听说有个十几岁的女子，很是聪颖，在内廷文学馆读书，叫来我瞧瞧。"

此刻，婉儿正在陋室之中与母亲下棋。郑氏的棋艺还算可以，但已经不是女儿的对手了。郑氏觉得很欣慰，虽然身居永巷、生活困难，但女儿从几岁开始就没有让她失望，如今更是聪慧机灵，这棋艺也是日渐增强。

"母亲，您又输了。"婉儿笑嘻嘻地看着母亲。

郑氏伸手摸摸女儿粉红的脸颊，假装生气地说："小机灵，又跟我炫耀，总是输，我不玩了。"

上官婉儿撒娇道："我知道是您让着我，再来嘛，最后一局。"

郑氏无奈地点了点头。

这时候，领班张宫女笑盈盈地走了进来："娘俩儿下棋呢，现有好事，婉儿快跟我走。"

母女俩有些疑惑，没等郑氏开口，张宫女又赶紧说道："放心，会把女儿好好给你送回来的，是天后要她去作诗。"

没等郑氏反应过来，张宫女已经拉着婉儿匆匆地走了。

上官婉儿是有生以来头一次见到这样金碧辉煌的场景，豪华的酒宴，华丽的衣服，还有筵席上那些英俊的人。在宫殿的正中间坐着的一男一女，想来就是天皇和天后了。天后就是她的仇人呀，那个害得她家破人亡的人。上官婉儿有些戒备地看了看这个女人。

她有些拘谨地叩拜了高宗和武后。尽管她心中不畏权势，但毕竟是第一次见到整个国家的主宰者，内心还是有几分忐忑的，他们是掌控着生杀予夺大权的人啊！

"抬起头来，让我看看！"说这话的是天后。上官婉儿不情愿地抬起了头，与那双深不可测的眼睛对视。她心中涌起一种复杂的情愫，是一种很强烈的感觉，说不上恨，但又不可能是爱，她不知该如何表达。

"是个美人，不知道是不是浪得虚名，你给我们作首诗来，让大家品评一下，如何？"

"诺。"婉儿应允，然后匆匆扫了一眼室内的陈设，不经意间与皇子席上的一个年轻男子对视了一下，像是被蜇了一下，赶紧收回了目光。思索片刻，出口诵诗，众人大惊。她的这首诗是以“翦彩花”为题的：

密叶因裁吐，新花逐翦舒。
攀条虽不谬，摘蕊讵知虚。
春至由来发，秋还未肯疏。
借问桃将李，想乱欲何如？

“对仗工整，情感饱满，想象奇特。好诗，果真是好诗！”席间有人赞叹道。

裴炎向婉儿投来了赞许的目光。婉儿会意，点了点头。其实，裴炎早就想借机会向武后推荐婉儿。因为他知道武后是爱才之人，当初杀死上官仪多少有些惋惜，如今婉儿又有其祖父的风范，也许能因此为她谋得一个好的出路，起码不用在那不见天日的掖庭中老死。这是一场赌注，裴炎明白，武后也很有可能收起当年的恻隐之心，杀死婉儿。但他还是愿意赌一次。

而此刻的郑氏早已像热锅上的蚂蚁，坐立不安，她实在捉摸不透武后找女儿过去到底有什么居心。她甚至想到了最可怕的后果——女儿倒在了血泊中。对武后的恐惧已经让她乱了分寸，她想要打探，却又不敢问太多。而且，她心中还存有一丝侥幸，如果武后不知道婉儿的身份呢，或许是她想多了呢。她能做的只有等待。

郑氏好像听到了遥远的宫殿里传来的嬉笑声，她有些放心了。大殿之上，武后对这个小姑娘感到很满意，点了点头，问道："好，你叫什么名字？"

上官婉儿自知说出自己的名号不会有什么好处，但还是大胆地应道："奴婢复姓上官，名婉儿。"

上官婉儿说出自己名字的那一刻，就料想对方会有所察觉，于是紧盯着武后若有所思的脸，却不见武后说些什么，神情依旧带着几分威严。片刻，武后只说了一个字："赏。"

武后的近身侍女领着婉儿到了偏殿，将一些首饰和衣物放到婉儿的小小手掌上，笑吟吟地跟她旁边的领班张宫女说："好好照顾上官妹妹，好日子还在后面呢。"

张宫女低眉顺眼地答应了一声，然后就领着上官婉儿回到了掖庭。上官婉儿不明白武后身边那个侍女的话，其实她从心底是不希望和武后再有什么瓜葛的，但人微言轻，也只有听天由命了。

张宫女对婉儿母女的态度向来是很傲慢的，但今天在回来的路上却一直对婉儿嘘寒问暖，生怕有什么怠慢，好像婉儿不是她手下的一个宫婢，而是一个正经主子。这叫上官婉儿感到有些受宠若惊。

今天发生的事情太过突然，婉儿需要静下心来理一理才好。她对自己说，不管什么时候，都要忠实于自己的内心。

第二节

冒险的决定

上官婉儿站在皇后的宫外等候，里面的宫人正在通传，已经进去好一会儿了，不知道为什么还没有出来。皇后今早差来宫人，告诉上官婉儿皇后要召见她。但现在她人已经在了，却在此等了半个时辰仍未被召见。她明白，现如今朝廷里的事情都是皇后做主，她基本上跟天子没有什么大的差别了，所以人们叫她“天后”。上官婉儿还不太适应这样的称呼。

上官婉儿在等待的时候，心里也在琢磨，武后找她到底所为何事呢？要杀她？那大可以直接派人动手，没必要还把她叫过来。要赏她？上次不是已经赏过了？日理万机的天后怎么可能在区区一个宫婢身上大费周章呢？

正在她百思不得其解之际，上次那个俊俏的宫女姐姐步履轻盈地走了出来，笑嘻嘻地告诉她可以进去了。

进入偏殿，再往里面走，才到了一间布置简约却不失格调的房间，一点儿也不像是女人住的，倒是有几分男子的气魄在里面。墙上挂着一幅书法，看样子是最近刚刚写的，沉稳大气，刚劲有力，兼有楷书和行书的优点。上官婉儿本以为是哪个大家的手笔，细看着倒有几分像是王羲之的作品，但又少了几分劲儿，应该是业余爱好书法之人所作。想到这里，她明白了。

武后正端坐在一张四方桌子前面，刚要放下手中的奏折，眉头紧锁着。

上官婉儿毕恭毕敬地给她行了礼。

“来，让我瞧瞧你。”武后给人一种很喜欢与人亲近的感觉，这与婉儿的印象完全不符，她小心地朝前挪了挪步子。

“像，真的太像了。”武后喃喃自语道，“你今年多大了？”

“十四。”

两个人就这样你问我答。武后又问了几个问题后，径直问道：“你愿意来我身边吗？”

这叫上官婉儿有些猝不及防，这样的邀请她能够拒绝吗？对方可是整个天下的主宰。但是要到武后身边去，她又感到非常荒诞。对方明明是她的仇人啊！

这时候，武后随口吟诵出一首诗：

秦川惟帝宅，函谷壮皇居。绮殿千寻起，离宫百雉余。

连甍遥接汉，飞观迥凌虚。云日隐层阙，风烟出绮疏。

上官婉儿听着入神，觉得这首诗怎么似曾相识呢？原来是太宗皇帝的诗，在文学馆读书的时候先生特别教过她的，说咱们的先帝也是个有才的人。本来上官婉儿以为先生有阿谀的嫌疑，但细细品读下来，发现《帝京篇十首》确实写得大气磅礴、视野开阔。

她没想到武后也会吟诵这首故人的诗。上官婉儿自然知道武后曾是先帝的才人。但她明白，武后绝对不是在跟她证明自己是一个长情念旧的人。她是在说明，自己也有和先帝一样的政治抱负。

“天后，作为一个女子，您的政治气魄让奴婢佩服。”说出这句话的时候，她没有考虑太多，只是由衷地赞美眼前这个有着雄才大略的女人。

“你不恨我吗？”

上官婉儿没想到会得到这样的回应，不知道该如何作答，但还是觉得坦荡荡地说才好：“不能说不恨，但也说不上多恨。”

武后似乎很满意这个回答：“那你就来我身边吧，我需要一个你这样的人在我身边。”

“步辇出披香，清歌临太液。

晓树流莺满，春堤芳草积。

风光翻露文，雪华上空碧……”

上官婉儿随口念出这三句，最后一句还未出口，就听到武后那威严的声音响起："花蝶来未已，山光暖将夕。"

她没有想到，武后居然会背祖父的诗。

看来，武后是个惜才之人。上官婉儿心中真是五味杂陈，但她决定冒险，来到这个最危险的人身边。

"请天后给奴婢一天时间，容奴婢回去跟家母相告，再来到您身边侍奉，请您体谅我的一片孝心。"

"好，你下去吧。"

回去的路上，上官婉儿就在想怎么跟母亲解释清楚自己想到仇人身边去这件事。一方面，武后的旨意她根本没有办法违抗；另一方面，她确实是心甘情愿到武后身边去的，她对这个女人有太多的好奇，而且她也有自己的人生抱负。她不甘心在掖庭中老死，她要为自己和母亲寻一个出路，而这是最好的机会。太多的原因，让她想去武后身边一探究竟，即使冒着莫大的风险。

上官婉儿以为这样层次清楚的说服是有效的，却还是没有获得母亲的理解。郑氏也有自己的苦衷，伴君如伴虎的道理，她太过明白了。

"母亲大人，我有自己的追求，请您理解我。如果您执意不肯，女儿就在这里长跪不起，直到您答应为止。"

上官婉儿的执拗，郑氏是知道的，却没想到这次居然到了毫不妥协的程度。要是在平时，郑氏肯定会心软的，但这次她也决定不妥协。

就这样，上官婉儿在门外的石阶上跪了一夜，滴水未进，看得郑氏于心不忍，只得扶起年幼的女儿，语重心长地说：“孩子，以后的事情，就要靠你自己了。总之，谨言慎行，万不可逾矩啊！”上官婉儿点点头。

过了不久，舅舅和裴大人都分别来看望了她。他们听说了上官婉儿要去服侍武后的事情，都是喜忧参半的。但裴炎显然要乐观些，他当初就有这样的计划，只是没想到会发展到这么亲密的侍奉关系，所以也难免有些担忧。舅舅和母亲的立场一致，但又无可奈何，只得千叮咛万嘱托地跟她讲人情世故，希望她万事小心。

太多的顾虑，太多的未知，这是上任前的上官婉儿内心真实情绪的写照。

第三节

喜获赏识

上官婉儿还不太适应这样的生活，自婴儿时期开始，她就在掖庭中卑微地活着，那里没有人会在意她这么一个小小的女子。而现在，得到天后的赏识，她虽觉得还是从前的自己，却已今非昔比了，在这深宫中，那个人的赏识就意味着权力。她自然深谙这个道理，尽管她还很年轻，不过是个十几岁的黄毛丫头，却早在生活的艰险中明白了其中的玄奥。

武后真的是一个心思缜密的人，她的想法向来不落俗套，讲求出奇制胜。为了给服侍自己的婉儿一个名正言顺的身份，摆脱那卑贱的宫婢的印记，她给了婉儿一个高宗皇帝才人的身份。婉儿没想到自己竟然能够当官，才人虽是女官，但也有正五品的官阶在那里。这让上官婉儿感到一种从未有过的激动。

就在上官婉儿被武后封为才人的这一年，李唐王朝已经基本上是武后一个人说了算了。因为早在两年前，也就是上元二年（公元675年），高宗皇帝的风眩症更厉害了，他在朝堂上的作为如同他的身体一样，已经疲惫不堪了。于是他与大臣们商议，希望让武后摄政。尽管遭到了郝处俊等人的反对，但同年三月，武后还是获得了应有的摄政的权力。

病入膏肓的高宗，实际上已经处于一种半退位的状态了。不管是从生理上还是心理上来说，再也不见高宗当年宠爱武后的外甥女贺兰氏那样的激情了，起码那个时候的李治还没有到对武后言听计从、听之任之的地步。上官婉儿想到这些，感到舒了一口气。因为她真的害怕成为皇帝的女人，她还太小，对风花雪月之事还有种陌生的恐惧感，更何况她早已经从古书中知道了后宫女人的无奈和忧伤。只要被天子看上，任你是什么人，都要去侍奉。

幸好，这只是武后为了让她摆脱之前宫奴身份的方式。她要做的不过是事务性的女官的工作。尽管武后权力很大，可她能亲自册封的也不过是后宫内的女官职位。她还只是摄政，距离真正成为女皇还有一段距离。

让上官婉儿感到欢欣鼓舞的还不只是对耻辱身份的摆脱，更重要的是，武后让她掌管宫中的制诏，这一方面是对她才华和能力的肯定，另一方面这可是当年祖父上官仪为先皇和高宗皇帝做过的事情。想到这里，她就有种恢复先祖荣光的振奋感。

刚刚搬离掖庭的婉儿还不适应一个人的生活，因为母亲坚持留在掖庭，她也只能随着母亲的心意去了。郑氏当然有自己留下的理由，她对于婉儿坚持到武后身边感到担忧，感情上是不愿意的，但最后她还是尊重了女儿的决定。

“我在这个地方习惯了，人老了，不愿意再有什么改变了。”

郑氏看着被众人簇拥着走进自己房间的女儿，从女儿身上感觉到一种正在释放的青春和活力。

“母亲，我明白您的顾虑和坚持。请您相信女儿。”上官婉儿诚恳地看着郑氏，然后转身向身边的几个永巷的老人作揖，道，“婉儿以后不能常侍母亲左右，我不在的时候，就全靠几位姑姑多多照应了，各位的恩情，我永世难忘。”

几个人听婉儿这样说，赶紧回应说这不过是举手之劳，又客套了几句，就一一散去了，只留下母女二人和武后派来的一个老宫女在屋里。母女说了一会儿话，婉儿就随着那个老宫女走了。

因为上官婉儿对皇宫内的很多礼节都不清楚，也对这宫中的结构和人员不熟悉，所以武后才叫这个姓刘的老宫女做她的师傅，好好教导她一些规矩。在名义上，她也算是皇帝的妃嫔，更不能失了礼数。

除此以外，武后会偶尔让她写诏书，都不是特别重要的，多是朝廷体恤百姓的政策指令什么的，像是在考察她。上官婉儿每次都是思虑片刻，须臾而成，这让武后倍感欣慰：可算是找到一个得力的人在身边。

宫中的各种规矩束人手脚，幸好上官婉儿向来心思细腻、循规蹈矩，加上本朝对于女子还算是比较开明，也有可能是因为皇后摄政的关系吧，她还是很快就熟悉了这样的新环境。

但有一个人却因这个不起眼的小女子出现在武后身边而感到担忧，这个人就是唐高宗李治。他实在搞不清楚，自己的皇后葫芦里到底卖的是什么药，为什么偏偏把仇人的后人放在自己身边。按照正常人的逻辑，即使不是杀之而后快，那起码也该是敬而远之。皇后的心思他越是不明白，就越感到一种迷茫的痛苦，他看不透她，这个陪伴了自己二十多年的女人，好像越来越陌生了。这种感觉让李治很痛苦。

但痛苦又有什么办法，她真的在意他的感觉吗？现在的他是一副日落西山的光景，而自己的妻子却像是一个精干的主妇，将朝堂内外连同后宫打理得井井有条。他有时候会悲观地认为，他们两个是天生的宿敌，连命数都是朝着一种相反的方向在发展。

“皇上，该喝药了。”身边的小太监又一次端着药在耳边催促，这已经是今天的第几次了，他数不清楚了，也厌倦了去计算。

无奈的李治摆摆手，小太监几乎是带着哭腔说：“您就喝了吧，今天皇后估计是不能来看您了，刚刚才人上官婉儿来通报了。”

听到这个名字，他更感到一股难以名状的哀伤。岁月匆匆，一转眼，上官仪的孙女都能够为朝廷所用了。他希望这是妻子无私的决定，而不是一场深不可测的阴谋。

闭上眼睛，李治想到了很多事情，包括当年上官仪对自己的赤胆忠心，和自己对上官仪的背叛。因为偏袒妻子而将废后的责任推到了上官仪的身上，而今上官仪的孙女又来到了他们身边，这难道是报应吗？他还想到了萧淑妃，想到了王皇后，甚至担忧起了这个小姑娘——上官婉儿。

他不愿去想这些事情了，老朽的身体已经无法支撑大脑的运转了。头痛欲裂的感觉已经不那么强烈了，但那种隐隐的痛却在咬噬人心，那种痛更叫人煎熬。女儿太平公主刚刚来看过他，相比妻子，他更喜欢自己的女儿，简单、纯净而可爱的女儿。这个时候正是太平公主的少女时代，她才十一二岁，正处于女子最可爱的年纪。

第四节

青春的碰撞

太平公主比上官婉儿小一岁，是唐高宗和武后最疼爱的小女儿，性格活泼大胆，颇有母亲武后的风范。上官婉儿第一次见到太平公主是在武后的寝宫，太平公主来给自己的母后请安。

太平公主长居深宫，看到母后身边多了一个很有灵气的少女，自然明白这就是被众人称赞的小才女上官婉儿了。

“你就是上官婉儿?”太平公主直勾勾地看着她。

上官婉儿笑着给公主行礼，她早已从老宫女处得知皇帝的几个子女的秉性，知道这个太平公主一向受宠，所以有些娇惯大胆，言谈和举止都我行我素，常会作出出人意表的事情。

“我喜欢你的诗，虽然我没有特别看懂。”太平公主说着话，就伸手过去拉住了上官婉儿，好像生怕这个小姐姐从自己身边逃走似的。同时，太平公主向母后询问道：“她是父皇的才人吗？那我该称呼她什么？”

武后听到女儿这样童稚的话，觉得很可亲，只是笑了笑。上官婉儿说道：“就叫我婉儿吧，那个名分是天后抬举我，其实我不过是侍奉天后的一个宫女，能得到公主的抬爱，真是三生有幸！”

太平公主从那次请安开始，就跟上官婉儿有了来往，两人逐渐建立了友情。小女儿间的友情总是很容易建立的，她们有很多共同的话题，而且有年龄相仿的人陪伴在侧，不管是对于太平公主还是婉儿来说，都是一种莫大的幸福。在这深宫之中，她们都感到太寂寞了。

武后并不因太平公主身份尊贵而干涉她跟上官婉儿交往。相反，她倒是很鼓励太平公主多跟上官婉儿在一起，因为她知道谨慎的上官婉儿会很好地影响女儿。女儿太平可是大唐的公主，需要明白的东西还有很多，可从小优越的环境让她丧失了对事物的敏感和警觉。

上官婉儿闲来无事的时候，除了去掖庭看望母亲，就是跟太平公主一起嬉戏玩耍。年轻的女子在一起，有时候难免打闹，加上太平公主向来是个喜好热闹的人，有时候还会在皇族兄妹聚会的时候叫上上官婉儿，时间长了，大家也就见怪不怪了，上官婉儿渐渐得到了诸皇子和公主的喜爱。

这一天，婉儿正在为一首诗冥思苦想着，不知道该起一个什么样的诗题，这时候感觉有双纤巧的手盖住了自己的双目，随即响起了俏皮的女声："猜猜我是谁?"

不用猜也知道，来的人肯定是太平公主，这个把戏她都玩了不知道多少次了。上官婉儿莞尔一笑："太平公主!"

"你又在写文章吗?"公主看到上官婉儿紧锁的眉头和手上的稿纸，无奈地说，"人生得意须尽欢，你个书呆子，咱们去花园游玩吧。"

在御花园游玩的两个小姑娘很是快乐，一会儿看看水中畅游的鱼儿，一会儿又随意地捡起一两朵开得正好的花，就在你一句我一句说得正开心的时候，两人看到远远地有个人走过来。

"贤哥哥!"太平公主用清脆的女声喊道。

李贤移步到两个人面前，上官婉儿赶紧行礼，李贤也不看她，只摆了摆手，和太平公主说了两句话，就走了。

上官婉儿见李贤对她不冷不热的，有些失望，却又笑自己太过痴心妄想，难道堂堂的皇子还需要对她嘘寒问暖吗？太平公主全然没看出婉儿的心思，继续滔滔不绝地跟她讲着话，直到宫人来请她去用晚膳，两个人才散了。

上官婉儿如履薄冰的宫廷生活，因有太平公主的加入而增添了一丝轻松。而多年以后的权力角逐，让她和这个昔日挚友走上了不同的道路，她也再没有从太平公主脸上读到过少女时代的纯净笑容了。

同武后一样，太平公主也是个惜才的人，她最喜欢在御花园里听上官婉儿诵读诗歌。在和暖的春风中，激荡着的是少女们和煦的心，是青春的懵懂。这是两个女子建立在文字之上的友谊，纯粹而不沾染杂质，相比武后对上官婉儿文采的欣赏是有些不同的。作为一个成功的掌握权力的人，武后不会只因为几首诗就对上官婉儿委以重任的，这一点，上官婉儿自己也是心知肚明的，只是她不懂的是这任用背后的意味。尽管已经在武后的身侧半年之久了，她却怎么也看不透这个谜一般的女人。

皇宫中常常举行灯火辉煌的家宴，目的不外乎是让高宗和武后与自己的孩子团聚。武后给高宗生了四子一女，他们像天底下寻常的父母一样，珍惜和孩子们相处的时光，经常设家宴沟通感情。

婉儿是第一次参加这样的家宴，作为武后的随从，她寸步不离地守在她的身边，丝毫不敢怠慢，就连太平公主朝她做了一个鬼脸，她都没有回应。婉儿始终抬着头，目光专注地看着前方的宫灯，不去看任何人，她担心自己会忍不住看人群中最温文尔雅的人——李贤。

在宫中她总会遇到李贤，不知道从什么时候起，她已经开始做梦了，期待着他能多看自己一眼，跟自己说上一句话，哪怕只是最微不足道的一个吩咐。上次李贤在御花园对她的冷淡让她心痛，但这种感觉是难以与人言说的，她也不愿意将内心的秘密同人分享，即使是太平公主，因为毕竟两个人的身份有别。

家宴上都是皇妃、皇子和公主，没有外人，所以皇帝一家人显得很融洽。李贤不时地跟高宗讨论些政事，都被高宗制止了，说今天不谈政务，只聊家事。武后点点头，向丈夫投来温柔的目光。这是婉儿第一次见到武后温存的一面，在她眼中，这个强悍的皇后一向与男人无异，巾帼不让须眉。甚至，她除了具有女性柔美的外表外，根本就是一个男人：强大、自信、果决、克制。

上官婉儿渐渐被这种家庭和乐的气氛感染了，整个人也放松了下来，眼光在人群中穿梭，还在伺候武后的间歇跟太平公主说了两句话。李显也不甘寂寞，跑来凑热闹。最近不知道怎么回事，这个李显总是爱来跟她说话，叫她哭笑不得。

李显不同于李贤，有着憨厚耿直的个性，比较老实诚恳，平时太平公主也喜欢跟他开玩笑。而骄傲的李贤，却不是他的皇弟皇妹们能随便开玩笑的。婉儿并不讨厌李显，只是没有过任何非分之想，只把他当作一个可以谈心的大哥哥，她内心里多么希望李贤也能像李显一样，别总给她一种拒人于千里之外的感觉。

第五节

诉以衷肠，却镜花水月

李显的王妃赵氏已经离世两年了，据说是一个人孤零零地死在内侍省的。李显第一次和婉儿提起亡妻的时候，热泪盈眶，唏嘘不已。婉儿知道，这是一个重情重义的男子，虽然贵为英王，却仍会在时隔两年后为获罪而死的妻子难过。

“听发现的随从说，她死的时候身体都腐烂了，很凄惨。”李显低头诉说着，不时地哀叹几声。

“英王，请节哀顺变吧。事情已经过去那么久了。”婉儿安慰着这个像大男孩一样的男人，他比婉儿年长八岁，已经是一个伟岸的男子了，却又总是给人一种小孩子的感觉。

上官婉儿有些后悔擅自离席了，但她看到别人一家团聚的场面，就忍不住想到了自己悲凉的身世，还有母亲的不理解，可母亲是她在世上唯一的亲人了。如今，母亲郑氏还滞留在掖庭，不久前舅舅郑休远差人来接她出宫，她都不肯。这让婉儿感到很内疚。

本来自己的情绪就需要一个出口来发泄，却不想碰到了一个更悲伤的李显，这叫上官婉儿有些力不从心，她甚至不知道该如何安慰一个失意的男子。比起李显来，她知道自己的生活更加糟糕，好歹李显也是天之骄子，从小锦衣玉食，怎么能明白她这样苦难重重的人的心思呢？

“我说过，婉儿，你叫我显吧，我喜欢你叫我的名字。”李显向来是没什么架子的，朴实谦和。

“嫔妾不敢，我们毕竟身份有别。”除了对太平公主，上官婉儿还未曾对这深宫中的其他人敞开过心扉。

李显忧愁地看着上官婉儿，欲言又止，他的面部因痛苦而显得特别扭曲，他就这么看着眼前这个女子，不说话。

这样的气氛让上官婉儿觉得尴尬，她想自己还是赶紧回去为好，就随便编了个理由，准备离开。猝不及防地，李显拉住了她的衣袖：“别走，好吗？陪我待一会儿，就一小会儿。”

他低声下气的，像个不谙世事的孩子，让人疼惜。上官婉儿受不了这样的“糖衣炮弹”，只得从了，静静地坐在御花园冰凉的石阶上，陪着这个忧郁的年轻王爷。

夜凉如水，她感到肌肤像是被针扎一样地疼，这是寒冷的空气带给她的错觉。这时候，一件外衣适时地披在她的身上，婉儿转头，发现李显脱下了自己御寒的外衣，正在月色下打着哆嗦。

从小到大，除了她的母亲，从没有人对她这么好过，甚至都没人正眼看过她。李显贵为王爷，竟然这么疼惜微不足道的她，她感动了。如果换作是李贤能这样对待她，即使现在去死，她也不会遗憾了。

冰雪聪明的上官婉儿自然明白李显的意图："我记得天后说过，会再给您挑选一个贤德的王妃，所以请您不要难过了。"

李显显然不喜欢这样的回答："婉儿，我……"他热切地看着她，期待一个回应。

"您是我在这世上最尊敬的人。"上官婉儿要终止这暧昧的气氛，她将披在身上的外衣交还李显，"您就像我的哥哥一样。"

话毕，上官婉儿匆匆逃离了李显，没等他反应过来，已经回到了武后的身边，宴会上仍然一副喜乐融融、合家团聚的场面。尽管周围的女子十五六岁已为人妇的不在少数，她自己不也是十三岁就被封为才人了吗？名义上也是为人妇了。但儿女情长于她而言，始终如镜花水月般不可碰触，更何况是她一直以来当作哥哥般敬爱的李显。

第二天，武后早早起来，吩咐婉儿叫下人整理庭院。原来武后最近噩梦缠身，总梦到庭院里有不祥的人攻击她，待她走到那人的面前时，却发现那人面孔模糊，辨认不出模样。这样的噩梦让婉儿不经意地想到这个女人背后的故事。

“我最近头疼得厉害，想要静养，你们都散了吧。”这个昔日里威严的女人今天说起话来有些软弱无力的感觉。

宫人们毕恭毕敬地行礼退下。

“婉儿，你留下。”

上官婉儿的心里咯噔了一下，她慢慢地走到了武后的面前：“天后，您有什么吩咐？”

“显儿最近跟你走得很近？”武后话里有话的样子让婉儿有些畏惧，但她还是决定实话实说。

“是的，天后。”

武后唇边泛起一丝不易察觉的微笑，她端起桌上的茶，轻轻抿了一口，缓缓说道：“你来我身边有多久了？”

“半年多了吧。”

“有这么久了？我准许你跟母亲出宫，去看看外面的世界，到你母舅郑休远那里团聚，享受天伦之乐，三个月的时间。”武后说这话的时候，看上官婉儿的目光别有深意。武后还是很欣赏眼前这个诚实的孩子的。她生平最痛恨的就是背叛，在这个皇宫中生活了四十多年，她见惯了尔虞我诈，反而更喜欢那些诚实的人，即使这诚实让她感到难以容忍。她了解自己的儿子，自然明白李显的心思，但这并不符合她对儿子生活的预期，所以要防微杜渐。

就这样，上官婉儿意外获得了三个月的假期。她兴冲冲地跑到掖庭跟母亲郑氏分享这个好消息，郑氏也是喜出望外，在这深宫中煎熬的日子总算是结束了，她愿意跟女儿一块去看看外面的世界。这样的一拍即合是婉儿没有料想到的，她以为母亲还会执拗地拒绝。

其实，这段时间郑氏想了很多，觉得让少不更事的女儿承担太多家族的过往和仇恨有些残忍，她愿意留在谁的身边就留在谁的身边吧，一切的一切就看她的命数了。她能做的也只是在女儿无助的时候借一个肩膀靠靠，女儿的人生还是要掌握在她自己的手中。她不能成为家族仇恨的牺牲品啊！尽管郑氏还是担心武后会杀了婉儿，但能做的也只有听天由命了，希望这孩子能够平平安安地生活。

第三章

侍读后的风云际会：谨言慎行，不恐不惧

章怀太子贤，字明允。容止端重，少为帝爱。甫数岁，读书一览辄不忘，至《论语》“贤贤易色”，一再诵之……上元年，复名贤。是时，皇太子薨，其六月，立贤为皇太子。

——新唐书

第一节

伴太子侍读，如痴如醉

“皇太子自留守监国以来时间不长，但留心政务，抚爱百姓，非常尽心，对刑法所施也细审详察。加之政务之余，能够专心精研圣人经典，领会深意。先王所藏书册都能研讨精华。好善正直，是国家的希望，深副我所怀。命赏赐绢帛五百段。”父皇三年前的诏书还印在太子李贤的脑海中，每一字每一句他都没有忘记，这是一个父亲和一个君主能够给予他的最大肯定。想到这个，李贤心中的乌云就稍稍散开了。

他翻开《少阳政范》和《孝子传》，这是武后前些天差人送来的。李贤看到两本书的时候感到很委屈，没想到母后对他是这样的印象，居然认为他是一个不懂孝道的人，不然又怎么会拿这些教人怎么为人子、为人臣的东西来给他呢？

李贤没想到自己在书房读书的时候，母后会来看望他。近些天来，母子两个人有很深的隔阂，这叫李贤感到很不安。他自认为是一个孝顺的孩子，但也不能愚昧地只知道孝道，而缺少大丈夫的襟怀，所以他才会每每与母后唱反调。这是他痛苦的原因所在，他不想这样却又出于原则而不得不如此。

“贤，近来都读些什么书?”武后坐定后问道。

“只是些圣贤们推崇的读物，胡乱看些，在监国之余算是怡情养性了。母后送来的书，我也是受益匪浅。”李贤谦逊地回答。他不想再无故地惹母后不高兴了。

一侧的上官婉儿静静听着母子间的谈话，觉得李贤还是一个谨守孝道的人，根本不像皇宫中所传的那样，母子间的关系尽管时好时坏，但李贤对武后还是毕恭毕敬的。

武后今早起来心情大好，婉儿知道与那个术士明崇俨有关。每次只要这个术士入宫，武后一定会屏退左右，只留下术士一个人，说是要谈修心养性的禅机，越少人打扰越好。上官婉儿也曾好奇过这术士究竟有什么能耐，能让骄傲的天后喜笑颜开，但连平日里近身伺候的她都要回避，可好奇也没有办法。

“婉儿……”武后突然唤了她的名字，她的注意力还停留在对武后和术士关系的猜测上。

她赶紧回过神来：“诺。天后，您有什么吩咐?”

“太子跟我提起，要你去做侍读，我答应了，你一会儿就留下吧。”

上官婉儿听着这不容拒绝的话语，又看看李贤那张从容的脸庞，只得点点头，在武后离开以后顺从地留下了。她不知道李贤葫芦里卖的是什么药。

“我欣赏你的才华，希望你最近能陪伴我读书。”李贤用那双明亮的眼睛盯着婉儿，这让她有些害羞。

“您有什么吩咐就尽管说吧，嫔妾一定从旁协助。”上官婉儿强自镇定地回应道。

就这样，她有了跟太子李贤单独相处的机会，这对她的一生而言都是一次宝贵的体验。以后的每一天，婉儿都陪伴李贤读书，从古至今，指点江山，激扬文字，两颗年轻的心在诗文的唱和中走得越来越近了。婉儿能明显地感觉到，李贤看自己的眼神热切得像一团火，她知道他也是爱她的，虽然他从未跟她表示过一个字。

婉儿不去想太子妃房氏的存在，不去思考武后和其他人，只将自己的这份喜欢偷偷埋藏在心里。只要每日能看到太子，陪伴在侧，她就已经很满足了。

不读书的时候，李贤也会找来婉儿，烫上一壶好酒，摆上棋局，两个人甚至会下一天的棋，只待夕阳西下，月上柳梢头，就到御花园中欣赏月色下的夜晚，诵读文人们关于明月的诗篇。不谈风月，只论风雅，他们两个更像是相识多年的老朋友，他们的爱情长着一副类似亲情的面孔，他们发乎情，止乎礼。

这样的诗情画意，这样让人如痴如醉的日子，上官婉儿多么希望永远不会终结啊！

“你知道我为什么要你来侍读吗？”李贤摆弄着手中的书卷，扭头看了一眼在旁边站着研墨的婉儿。

“您是为了让天后安心。”婉儿缓缓地说出了两个人心照不宣的秘密。

李贤听到这话，有种被打动的感觉，想要抱抱眼前这个冰雪聪明的女子。但最终，他伸出的手只帮婉儿擦了擦脸上沾染的墨汁，没有多余的动作。他知道自己是天底下最自私的人，为了韬光养晦，为了自保，为了让母后相信自己，他利用了婉儿，这个深爱他的女子。

“您不是个自私的人，我理解您。其实您这样是成全了我，您懂我的心思的。”上官婉儿落落大方地说。她终于说出来了，说出了多少次在梦中同李贤说过的话。

“婉儿——”李贤再次唤了她的名字，突然晕厥了过去。这让上官婉儿始料未及，一向体魄强健的太子怎么会突然晕倒呢？

“你不是我的孩子，你根本没有资格做太子。你不是，不是……”李贤听到武后在自己耳边重复着这诅咒一样的话语，他感到骨骼都战栗了，整个人哆哆嗦嗦的。他实在无法接受这样的事实。

“不，不，我是太子，我是您的孩子。”他大吼一声，表示抗议。

“太子，您醒醒，醒醒啊！”上官婉儿推了推在睡梦中的李贤。

李贤头上大颗大颗的汗珠像是黄豆粒一般，他感到身心俱疲，原来是一场梦啊！他最近寝食难安，总是做这样的噩梦，这叫他的身体特别吃不消。

上官婉儿看着惊醒的李贤，眉头紧锁，太医刚刚嘱咐过他要少思虑，说他刚刚晕倒就是思虑过度，加上天气炎热造成的，但不过一个午休的工夫，他就又在呓语中惊醒了。

李贤伸手抚平婉儿眉头的褶皱，温柔地说："别担心，我没事的。"

上官婉儿苦笑，刚刚武后差人来叫她回去呢。说这阵子武后特别忙，朝堂上事情也多，婉儿这个御用文书不在，可是让武后的身子也吃不消了。上官婉儿知道，分别的时刻到了，在她以后的人生中是不会再有这样朝夕相处的时刻了。她强忍住眼泪，不去看李贤，也不去听他温柔的话语。

第二节

嫌隙突生

上官婉儿回到了武后的身边，最近在宫中很少见到太子了，但是听到了很多关于太子的流言蜚语，这叫她不由得火冒三丈。不知道是哪个长舌的奴才四处散播谣言，居然说太子不是武后的亲生儿子，而是武后的姐姐韩国夫人所生。

这个韩国夫人十年前就已经去世了，因为是皇后的姐姐，所以当年能自由地出入皇宫内院。韩国夫人虽然嫁过人，但风韵犹存、端庄秀丽，很快就引起了皇帝的注意，得到了他的宠爱，但后来突然身亡了。

上官婉儿不相信李贤是这个韩国夫人的孩子，如果是这样的话，凭着武后的心思，是根本不会让他做太子的。但婉儿听闻李贤之所以能坐上太子的宝座，很大程度上是因为皇上对他的偏爱。

最近李贤也没来过武后宫中请安，这更让上官婉儿忧心忡忡。其实，不管李贤的生母是韩国夫人还是武后，这都不会改变他是皇上骨肉的尊贵身份。后来又听说太子最近在注疏古书，想到这里，上官婉儿稍稍安心些了。

过了几天，婉儿在给武后拟一份诏令的时候，听见几个小宫女在小声嘀咕，她想一定又是在说宫中哪个人的是非了。她摇了摇头，感叹女子们若不读书识字，多充实自己，就会空虚到每日靠评说他人的隐私来度日，那样的人生实在是太过苍白了。她拟好了诏令，等待与大臣商议政事的武后回来过目。

此时的李贤正和太子左庶子张大安、洗马刘讷言、洛州司户格希玄、学士许叔牙共聚一堂，商议共注范晔《后汉书》的相关事宜。准备工作已经持续了多日，李贤认为是时候开始正式的注疏工作了，他今天的目的就是想给各位大人进行分工。这些文臣们向来是拥护太子的，将他看成李氏王朝唯一的希望。这次的注疏事宜是李贤小心自保的方式，他不想重蹈哥哥李弘的覆辙，因锋芒毕露而伤及自身。

不多日，武后就亲自过问了太子注疏的事情，表示欣赏。婉儿听到武后夸奖李贤，心中很是欣慰。正在这时，宫人通报说明崇俨求见。上官婉儿正巧要帮太平公主采集些新鲜的花朵，就知趣地回避了。她在花园中大概逗留了一个时辰，觉得浑身疲惫就回来了。此时烈日当空，武后已经午休了。

明崇俨从皇后宫中出来了，得到皇后赏赐的他感到很满足。他能平步青云，多亏了对于巫术、相术和医术的精通，凭借这三项本领，他得到了二圣的赏识。武后更是依赖于他，常常要他做些祛除邪僻的法术。身居高位的人内心都是一个旋涡啊，总是担心有人害死自己。现在的他，也算是官拜正谏大夫了，算是对得起九泉之下的双亲了。

正在得意的时候，明崇俨却见远方花丛中似有一女子冲着他笑，他走近了想说些什么，又听到身后有人喊道："明崇俨大人!"

他马上答应，转身看来人是谁，却被一把明晃晃的长剑晃得睁不开眼睛，只听得一声惨叫，他已经没有了知觉，整个身体像是飞到空中去了，轻飘飘的。

明崇俨死了，说是被盗贼所杀，就死在宫门外面。武后听到这个消息的时候，上官婉儿正在一旁服侍，她亲眼见到这个刚强的女皇气得暴跳如雷，下令务必抓到凶手以正国法。高宗的病情多亏了这个术士才有所缓解，为此，他追封明崇俨为侍中。

上官婉儿实在想不通，是什么样的强盗居然如此胆大包天，敢在宫门口杀人行凶。她觉得这事情有些蹊跷，直觉告诉她这里面一定有一个天大的阴谋。到底是谁要杀死那个术士呢？尽管婉儿不喜欢那个术士，知道他平日里总是在武后和皇帝面前说太子的坏话，但宫中突然发生命案，总让人觉得不安。

关于明崇俨的死因，宫中有很多不同的版本。有人说这个明崇俨不是专门通鬼神之事吗？肯定是得罪了鬼神，为鬼神所杀，也算是死得其所了。还有人说估计是得罪了什么人，于是仇人就买通了强盗，专门挑他从宫中出来，一路欣赏着宫闱内外的景色，疏于防范之时下手。

“婉儿，来。”武后招呼上官婉儿来到自己的近旁，抚摸着她的小手，“你给我拟个诏书吧。”

上官婉儿例行公事般拿出纸笔，等候武后的命令。

“太子贤嫉才妒能，蓄意杀害朝廷命官……天子犯法，与庶民同罪……”

上官婉儿以为自己听错了，请求武后再念一遍，可听到的还是同样的犹如诅咒般的声音。“您真的确定是太子干的吗？”

武后呵斥道：“我需要取信于你吗？婉儿，你别忘记自己的身份。我现在不是在听取你的建议，你要做的是尽一个臣子的责任，完成这份诏书。”

上官婉儿感到自己的双手在颤抖，握着毛笔的手冰凉。她难道要成为那个伤害太子的帮凶吗？这个世界上，她是最不希望伤害太子的那个人啊！但皇命难违，她除了执行命令外，还能做什么？她只有在心中默默祈祷：保佑太子贤吧，保佑他平安无事吧。

平日里须臾之间完成一份诏书的才女，今日却拖延了很久，才一字一顿地写完了。武后显然不太满意上官婉儿的懈怠，别有深意地说：“你对我的忠心还在吗？”

“我对天后的忠心日月可鉴，请您相信我。”上官婉儿说了些言不由衷的表忠心的话，她不喜欢这样的局面，不喜欢自己成为一个谄媚的人。她认为有些话是不必说的，她自会恪守作为一个臣子的责任。但拥有权力的人似乎总喜欢听到由衷的赞美和维护之词，上官婉儿注定不适合成为一个为权势折腰的人。

第三节

天涯相别

上官婉儿忍痛完成的诏书是一份任命诏书，薛元超、裴炎、高智周三位大臣成为钦定官员，共同办理明崇俨被杀一案。有裴炎在册，这倒是让上官婉儿舒了口气，他也算是跟太子关系亲厚，再加上与婉儿熟悉，也许能够还太子一个清白。再加上老臣薛元超也是一度辅佐过太子监国的。武后能叫这些人去查办此案，更证明她对太子还是手下留情的。上官婉儿在心中一遍遍地跟自己说：太子肯定会没事的。

第二天，上官婉儿趁武后午休的空当，偷偷跑到了东宫。她本来是想打探下太子的近况，却不想刚刚踏入东宫的大门，就遇上了太平公主。太平公主眉头紧锁，根本不像是就要大婚的人。

“婉儿，你也是来看贤哥哥的吗?”太平公主少了往日的神采，神情忧郁。

“太子可好？”上官婉儿关切地问道。

太平公主摇摇头。以往李贤若是心情不好，会闷在心里，可这次未免表现得太过淡定，这倒叫太平公主特别担心。上官婉儿细细问过，才知道李贤居然还在做《后汉书》的注疏。这都火烧眉毛了，他居然不为自己申辩，也不做些安排以解后顾之忧。上官婉儿同样感到忧心忡忡。

太平公主几乎是带着哭腔说：“我从来没见过贤哥哥这样，婉儿，你一定要劝劝他呀，他一直很喜欢你的。我会再劝劝母后的。”

上官婉儿安慰了太平公主后，就径直进入了太子的书房。此刻，她的心像被针扎一样疼。看公主那个样子，她知道大事不妙了，她必须马上见到他。

李贤正专心致志地伏案写作，甚至都没注意到上官婉儿沉重的脚步声。等他抬头看到多日不见的爱人时，竟调笑道：“他们发现了铠甲，说是在马房里，上官才人是来替母后宣旨的吗？”

她没想到他竟然开这样的玩笑，语气中的嘲弄让她很难受：“太子，您就坐以待毙吗？难道您忘记了自己的理想和抱负吗？您是李唐王朝的骄傲啊。”

“骄傲？哼！我这个太子是当一天少一天了。”

他当真就绝望到底了吗？回想以前他跟她说过的话，他监国时为国家和百姓做的贡献，他在百姓和官员面前树立的威信和骄傲，可现在这些难道都烟消云散了吗？

“我相信您。不管如何，我都站在您这边。”上官婉儿说完，走到太子面前，大方地抱住了这个泄了气的太子，这个曾经骄傲到她不敢触碰的天之骄子。他回应了她的拥抱，在她的怀抱中隐隐传来啜泣的声音。他哭了，一个高大伟岸的男人，居然在她的怀抱中哭了。

“太子，即使死，我也要陪着您。如果您被贬了，我愿意终身相随。即使是做个奴婢，我也情愿。”婉儿知道，这是她唯一能给他的誓言。

“不必了，何苦你也跟着我来受罪。废太子的诏书估计就快下来了，我现在已经做好赴死的准备了。你要好好活着，我已经害了太子妃，不能再连累你。”

上官婉儿摇摇头，重情重义的太子不该受到命运如此的捉弄。

眼前温柔的太子突然粗暴地推开了她，故意大声嚷道：“你是母后的人，为何来我这东宫，是来刺探情报的吗？还是来看笑话？你给我滚，滚……”

整个东宫的宫人本来已经要作鸟兽散了，听到太子发飙的声音，赶到书房正看到这样的一幕。宫人们本来私下里传太子跟上官婉儿有染，而眼前这一幕倒是打破了传言，两个人看起来关系不睦啊。

上官婉儿感到两腿都不听使唤了，她缓缓挪着步子，哭着离开了东宫。她从心里为这个男人为自己所做的一切感动，他为了保她而谩骂、侮辱她。她恨这个充满权力迷雾的深宫。

上官婉儿不能接受这样的结局，她还要奋力一搏，去求皇上，为太子鸣冤。皇上可一直是最宠爱太子的呀。事不宜迟，她疾步奔向高宗的居处。路上遇到了李旦，婉儿说明了自己的来意，李旦赶紧轻声对她说："太平跟我已经去过了，没有用的。母亲执意要废掉贤，父皇也很无奈呀，毕竟铁证如山。"

此时的唐高宗李治卧病在床，朝中的权力早已牢牢掌握在武后的手中了。上官婉儿甚至推测太子的被废是武后乐观其成的事情，这样她就少了一个强大的对手。婉儿实在是太天真了，她好像被什么击中了，天旋地转，晕了过去。

调露二年（公元680年）八月二十二日，上官婉儿含泪写下了废掉李贤太子位的诏书，这是武后让她写过的最残忍的一条指令。太子的罪名不但包括谋杀朝廷命官，忤逆二圣，甚至还包括蓄养娈童。上官婉儿万万没想到，武后居然要让自己的儿子身败名裂，不由得不寒而栗。难道在这深宫之中，亲情早已被权势的手扼杀了吗?

李贤失掉了太子的荣光，被安上了伤风败俗的罪名，等待他的是充满苦痛的流放之路。他不再是皇室的一员，被贬为了庶人。太子府所有的家奴一夜之间都被处死了，惨烈的叫声让整个宫廷陷入一种恐怖之中。跟太子过从甚密的大臣张大安、刘讷言幸免一死，被革职流放。

李贤走前也没能见上官婉儿一面，因为武后侍从的身份，上官婉儿不能前往相见。只有太平公主和李显、李旦两兄弟为他送行。李贤只托太平公主给婉儿捎了一个口信：相忘于天涯。

婉儿为此大病了一场，在床榻上几个月无法下床，日常起居都需要人服侍。武后特意拨了宫女伺候她。直到冬去春来的时候，她那颗冰封已久的心才开始温暖起来。但婉儿没有听从李贤的嘱托，甚至此生都没有忘记李贤——她最刻骨铭心的初恋。闲来无事的时候，她还经常去两个人一起游览过的地方缅怀李贤，默默诵读他喜欢的诗文，好像他就在身边陪伴一样。人的一生总是有那么一两次恋爱是无法忘却的，给你怦然心动感觉的那个人，永远活在你的头脑中，夜半无人的时候，你会突然感到心痛难耐，但第二天还是要迎接新生的太阳，生命还是要继续。

第四节

为武后谏言

上官婉儿本对当朝天皇一无所知，听到的也多是宫中盛传的关于他孝悌温良的故事。她听宫中的老宫女说，皇帝在还是皇子的时候，就因恪守孝道而深受太宗皇帝的喜爱。有一次太宗想考考儿子的学问，就问他："《孝经》里面说的什么最重要？"高宗答道："孝，开始是事奉双亲，长大后是事奉君王，最终是修身。君子事奉皇上，进入朝廷想着尽忠，退居在家想着弥补皇上的过错，将顺从其美，纠正其恶。"这样的回答让太宗很满意。而高宗不仅仅在言辞上深刻领悟孝敬之道，在行为举止上也多唯太宗马首是瞻，谨慎侍奉。

上官婉儿听到这样的故事很是动容，她想不到帝王家的人伦关系也如普通百姓一般，父父子子的孝敬之情让人感动。这就是她对高宗皇帝所有的印象。

此时，武后在上官婉儿陪伴下参见病情日渐加重的天皇。皇帝跟皇后大大不同，有一种天然的亲和力，却又透着一股威严。

“不愧是皇后相中的女官，果然气度不凡。我知道你的才华，李唐王朝需要的正是你这样的人才。”上官婉儿没想到病重的高宗还能跟自己说出这样的话，完全不是她想象中的样子。她本来以为武后早已得到了所有的权力，但事实并非如此。处理朝政多年的武后，并未掌握实权，大事还是要跟高宗商量，就如同现在他们正商议着黄河修缮之事。最近李义府、许敬宗两位大人因事获罪，权力不再，武后最痛恨的废后王氏之兄王方翼却备受重用。武后一方面失去了这两个心腹，另一方面自己的眼中钉此刻正飞黄腾达，由于这都是皇帝的意思，她也无可奈何。

上官婉儿知道，高宗和武后已不是当年那两个因爱情而傲视世俗的男女，而是因权力角逐而貌合神离的悲哀夫妻。遥想当年高宗娶武后，是甘冒天下之大不韪。身为皇子的他居然垂涎父皇的女人，这让所有有道德洁癖的正人君子听起来都觉得不堪，虽然武后当年只是一个卑微的才人，从未得到过太宗的召见，更谈不上宠幸。

武后关切地望着躺卧在病榻上的高宗，嘴角挤出了一丝微笑：“陛下，您的眼睛好些了吗？”

“好多了，多亏了御医秦鸣鹤。”高宗故意提起这个御医的名字，武后感到很尴尬。

上官婉儿心中更是充满了深深的悲哀。高宗肯定是误会了武后，以为权倾朝野的皇后不希望自己好起来，才故意在这时旧事重提。几个月前，被头痛病折磨的高宗急于寻找新的医治办法，让新来的御医秦鸣鹤为他诊脉。这年纪轻轻的御医居然提出了刺破头部放血的方法，武后觉得忤逆了圣驾，应当将他斩首示众。高宗却坚持用此法医治，果真有奇效，眼睛渐渐明亮了起来。

“陛下，嫔妾有一句话，不知当讲不当讲。”上官婉儿不知道哪里来的勇气，大步上前，“扑通”一下跪到地上。那时已入秋了，宫殿内的大理石地板冰凉彻骨。

“婉儿，不得无礼!”武后几乎在第一时间喝斥了她。

高宗正用一种难以理解的冷漠的眼神看着自己的皇后，却没想到这小小的宫娥突然有话要讲。他毕竟是卧床之人，病痛的折磨让他有些麻木。听听她说什么也是好的，算是转移下痛苦吧，高宗心想。

高宗淡淡地说道：“说来听听。”

“嫔妾没有资格过问天皇和天后的家务事，但天后最近寝食不安，只是为了圣上您的病情啊。请您理解一个作为妻子和母亲的女人的心情。”上官婉儿说完这些话之后，才觉得自己实在是唐突，向来谨慎行事的她，这是哪里来的勇气呢?

“大胆。你知道你在跟谁说话吗?”唐高宗并不因她的提醒而感到舒心，反倒很生气，命婉儿在宫门外罚跪。

上官婉儿被侍卫拖出宫门的时候，分明看到武后的眼角闪过一滴泪水。她感觉到了武后眉眼的笑意和感动，只是这情绪一闪而过，取而代之的又是平淡如水的面容。

高宗故意不去看眼前这个娇弱的小女子。他依稀从她身上看到了当年魏国夫人的影子。那个被他视为珍宝的年轻女子贺兰氏，给他枯燥乏味的中年生活带来了乐趣。与武后不同，魏国夫人让他感觉到了久违的年轻和活力。

上官婉儿自己也始料不及，她居然为自己痛恨的人鸣冤叫屈。如死灰般的生活带给她的是苍凉的感觉，而日夜陪伴在武后身侧，她开始了解这个女人的不容易，才知道她为丈夫操心的真诚，所以才会冒死说出这样的话来。不管武后是不是那个伤害李贤的人，她都不想去刻意铭记了，因为她知道，遗忘是对自己和别人最大的宽容。

几个月后，当婉儿膝部的肿胀还没有完全消退的时候，唐高宗已经因重病而归天了，举国陷入肃穆的哀伤中。新婚两年来很少入宫的太平公主，本来沉浸在婚姻的愉悦中，近日却以泪洗面，苦守高宗的灵柩。婉儿知道，这个皇帝虽然不那么英明神武，却是公主眼中最慈爱的父亲。上官婉儿想到了自己，她甚至都没有悲伤的体验，因为她从未见过自己的父亲，虽然从母亲郑氏那里听来了有关父亲的只言片语，却无法拼凑出父亲上官庭芝的完整面容。

高宗唯一留下的是一份简短的遗诏，大臣裴炎作为辅政大臣宣读了它：“七天后装在灵柩内，皇太子在灵柩前即皇帝位。园陵制度，务以节俭。军国大事有不能决断者，请天后处理决断。”

婉儿从这份简短的诏书中，还是看到了高宗的无私和对妻子的信任。她感到自己那天说的话起作用了。或者说，天皇即使对妻子有戒备，但在底线上还是相信武后的。他不认为自己的妻子真的会窃取李姓王朝。或者说，只要是能够对黎民百姓好，这个朝廷姓什么又有什么关系呢？这让上官婉儿感到很欣慰。即使是多么诱人的权力，也不能完全抹杀昔日最浪漫甜蜜的爱情和回忆，无法让一个善良公正的心灵走向歧途。

公元 683 年 12 月，也就是高宗病死的同一个月，李显作为理所当然的皇位继承人，登上了皇帝的宝座，韦氏被封为皇后。武后被尊为皇太后。一个新的时代要开启了，伴随着哀乐声中对高宗的缅怀，人们开始仰望头顶新生的太阳。

第五节

一颗玲珑心

李显就这样被推上了皇帝的宝座，其实他本无治理国家的野心和才华，不过是一个性情温厚的好人，实在难堪大任。但事实已成定局，皇命难违，李显只得走上了与自己兄弟类似的道路。从表面上看来，他获得了皇位，而不像弘和贤那样铩羽而归。

李显也恨过，恨自己不能真正发挥一个皇帝该有的作用，他的威严完全是空洞的，朝堂上的大事还是牢牢地掌握在武后的手中。

他曾不止一次向婉儿抱怨："这皇帝做得又有什么意义呢？"

上官婉儿已经不再逃避李显，两个人渐渐敞开心扉，开始谈论些家国天下的事情。对李显而言，婉儿不仅仅是一个女人，更是一个可以推心置腹的挚友。

"皇上，所谓在其位谋其政，我相信假以时日，您会取得一个帝王该有的辉煌成绩。"她真心希望他能坐稳皇帝宝座，能让朝廷内外和平喜乐。

李显丝毫不怀疑上官婉儿这话中的诚意，尽管她是日日侍奉母后的人。

上官婉儿此时已经对武后交给她的大小事务处理得得心应手。在朝夕相伴中，她甚至不由得对武后肃然起敬。

就在今天，皇太后武则天特意交给了婉儿一篇文采绚丽的文章，要她当着朝堂大臣的面念出来。她想一定是某个才华横溢的人的伟作，所以才会被挑选在商议国家大事的朝堂上诵读。

上官婉儿朱唇开启，用嘹亮的女声诵读着那篇让她永生难忘的文章。文章的标题是“代李敬业传檄天下文”，作者是赫赫有名的诗人骆宾王。上官婉儿早就听闻了他的才华，心想正好借此机会领略一番。

但当她读完前两句后，才明白这篇文章的讨伐对象正是武后。

“伪临朝武氏者，性非和顺，地实寒微。昔充太宗下陈，曾以更衣入侍。洎乎晚节，秽乱春宫。潜隐先帝之私，阴图后房之嬖。入门见嫉，蛾眉不肯让人；掩袖工谗，狐媚偏能惑主。……班声动而北风起，剑气冲而南斗平；暗鸣则山岳崩颓，叱咤则风云变色。以此制敌，何敌不摧；以此图功，何功不克。……请看今日之域中，竟是谁家之天下！”文辞慷慨激昂，气吞山河。

本能告诉上官婉儿应该停下来，但想到既然武后要她诵读，自然有武后的道理。再加上骆宾王的文风刚劲有力，气壮山河，真是让人欲罢不能。若不是考虑到这文章意在反对武后干预朝政，实在是一篇千古难得的好文章。上官婉儿还知道，骆宾王有一首为自己曾经含冤入狱而抒发怨怼的好诗《在狱咏蝉》。短短几句比喻新奇的诗，将一个高洁文人的形象呼之欲出，不禁让上官婉儿联想到自己被冤死的祖父。

“无人信高洁，谁为表予心?”骆宾王和祖父上官仪是多么相像的两个人啊!

婉儿的思绪在诵读这篇气势宏大的文章中漫延，武后的一句赞叹打断了她的遐想：“‘一抔之土未干，六尺之孤何托?’多好的诗啊，可惜，可叹啊!”

李显面露悲戚之色，他虽然不是一个杰出的君主，却也为一个捍卫李姓江山的有志之士将要丧命而感到哀伤。他了解母后的心机和城府。在这一点上，上官婉儿也深有同感。两个人面面相觑，在朝堂上不过一个瞬间的对视就了然于胸了。但她在悲伤的同时，却看到了武后的气度，这让朝堂上的每位大臣都感到佩服。即使是德高望重的裴炎，他虽不赞同武后摄政，却依然佩服这个女人的胸怀。

“启禀圣母皇太后，微臣愿意将谋反的徐敬业和骆宾王一众人等捉拿归案，交由朝廷发落。”朝堂上有人主动请缨。

于是武则天派出几十万的军队去平息叛乱。那个在江南一带受到拥戴的徐敬业，不会想到他的厄运来得如此之快。上官婉儿并不同情徐敬业，因为他表面上说要帮助皇帝李显，要武则天还政于朝，实际上却在金陵一带形成了地方割据。她同情的人始终是骆宾王，天真的文人，真的以为自己是在用不顾一切的激情为国家效力吗？其实不过是徐敬业手中的棋子而已。

本来以为会旷日持久的平叛战争，却在短短几个月的时间内就结束了。过了不久，徐敬业和骆宾王等人的首级被送到了武则天的面前。这也是上官婉儿生平第一次见到鲜血淋漓的人头。她以为自己会感到非常恐惧，却没想到自己远比想象中要淡定从容得多。这难道就是成长的代价吗？在武则天身边，她见到了太多的阴谋和宫廷诡计，不管是武则天本人策划的，还是他人设计的，都让婉儿过早地学会了成熟。

“想不到英国公李勣三朝元老，一世英名，居然会栽在徐敬业这个不肖子孙身上。大唐开国功臣的家族，不该有这样的飞来横祸，但我更要确保江山的稳固。”武则天像是在自言自语，但那语气分明是在向婉儿倾诉。

上官婉儿感到最近和武则天的距离似乎越来越近，不经意间，她甚至会崇拜这个女强人。“您也是无奈，顾全大局的人通常会有您这样的悲哀。”

“可惜了骆宾王，他让我想到了你的祖父。”武则天说这话的时候，目不转睛地看着上官婉儿，似有一种悲悯的情怀。

“祖父犯了一个致命的错误，那就是将自己的热情盲目地投入到政治中，他本可以更加理智。”上官婉儿理智的回应让武则天很满意。

“不愧是我相中的人，果然不是凡夫俗子。婉儿，我要赏赐你。”

“无功不受禄，嫔妾不敢。”

“这是你应得的，因为你具有让我满意的智慧。你要什么，我都给你。你尽管说。”

上官婉儿见推辞不过，于是想索性提一个要求吧。财物于她不过是粪土，她历来也不喜欢女人的脂粉珠宝，想到如今天气寒冷，李贤在那偏僻的巴州，日子肯定不好过，于是她斗胆说：“圣母皇太后，我想请您给废太子李贤置办些过冬的衣物，由此让天下人看到您对自己儿子最无微不至的关怀。”

武则天并未想到上官婉儿会提出这样的要求，她想到，自己已经好久没有儿子李贤的消息了，在那天高皇帝远的荒僻之地，不知他过得可好？

“我准了。”武则天认为上官婉儿比自己想象的还要聪明。婉儿表面上是向她要东西，其实是帮助她树立一个慈母的典范。尽管她也有些怀疑婉儿对李贤的情意，但只要这情意是光明磊落的，就是无伤大雅的。

李显听到上官婉儿向太后请求的事情后，感到深深的自责，想他堂堂九五之尊，居然还不如一个小女子。自己的同胞手足在远方饱受贫寒之苦，而他却丝毫没有问津。他与太后越来越生疏，甚至在他强悍的妻子韦氏的劝说下，开始慢慢扶植自己的势力。

这些上官婉儿都看在眼里。她知道，大明宫中暗涌的波澜已在悄然荡漾。她无法预知李显的命运将走向何方，甚至开始担心李显那个强悍的妻子。韦氏的目光让上官婉儿感到恐惧，那目光同样充满了野心，却远没有太后武则天的深沉、睿智和英明。

第六节

痛失太子

事实的发展果然与上官婉儿悲观的设想相吻合。她在文明元年（公元 684 年）这一年，失去了生命中两个重要的男人。事情发展的速度远比她想象的要快。

可能是枕边风的作用吧，也可能是李显不愿再等待下去了，他真的开始了扶植党羽的工作。中宗李显想任命韦氏的父亲韦元贞为侍中，这相当于宰相的职位。上官婉儿对这样的任命表示怀疑，她甚至为此跟李显发生了生平第一次争吵。

"皇上，嫔妾有一句话不知道当讲不当讲。"

李显已经很久没听到上官婉儿这样生分地跟他说话了，他感到很别扭，但还是克制住内心的不悦："说吧，婉儿。"

"我认为您重用皇后的父亲，犯了任人唯亲的错误。"上官婉儿直言不讳地说。

李显没想到她会这样想：“你难道不赞成朕成为有实权的皇帝吗？是谁说过相信朕的？你难道也被母后收买了？”

这还是她认识的李显吗？上官婉儿没想到他居然会说自己被收买了。她很难过，难道在他心中她是如此的不堪吗？

“嫔妾不过是微不足道的女官，人微言轻，何须收买呢？”上官婉儿感到自己眼眶中的泪水就要流出了，强忍着又憋了回去。她早已把李显当成除太平公主以外的第二个挚友，却没想到被他如此误会。

“婉儿，我不是那个意思。但你们都反对我，我真的很难过。裴大人也是，他可是父皇任命的辅政大臣啊，是我敬佩的人，却也是这样谨小慎微。难道你们觉得我真的比不上太后？”

上官婉儿看到李显这样急功近利，感到很难过。今天一早，还听到裴大人跟她抱怨，说皇上变了。裴大人因为反对皇帝任命皇后的父亲，得到的却是李显这样的回答：“我将天下给韦元贞，也无不可，难道还吝惜一侍中吗？”上官婉儿以为皇上能看在他们以往的情分上，听她一句劝，结果也是无功而返。

她叹了口气：“你真的变了，嫔妾告辞。”

李显的图谋得到了他母亲最为激烈的反抗。中宗李显被废了，在他当了不过短短三十六天的皇帝之后。废帝的诏书是上官婉儿起草的。她觉得啼笑皆非，自己究竟在生命中重要的男人身上发挥了怎样的作用？每一次将他们打入谷底的行为，都有她的参与，她无形中成为太后的共谋。不过，她这次也反对李显胡闹，甚至对他当政期间的很多表现有所不满，渐渐动摇了“他会成为一个好皇帝”的信念。

“显，对不起，你真的不适合做一个皇帝，但你是我永远的朋友。”这是李显被逐出长安前，婉儿对他说的最后一句话，也是唯一一句告别的话。

国不可一日无君，李唐王朝又迎来了武则天最小的儿子李旦，他被立为睿宗。上官婉儿明白，这是武后开始把持朝政的标志。因为李旦向来是一个谦恭孝友的人，不像是他的几位哥哥或多或少都有建功立业的雄心，他身上有着一股不似王族子弟的超脱。年仅二十二岁的他羽翼未丰，本质上不过是太后的附庸。太后不准他参与朝政，于皇宫中深居简出，皇帝不过是一个虚名。

上官婉儿此时无暇顾及李旦，而且现在的时局也不是她一介女流所能左右的。她甚至不得不承认，武后主政是不可阻挡的。即使武后自己念及骨肉亲情有所不愿，她身边的人也不会让她隐退的。毕竟，她的尊贵关系着武氏一族的荣耀。

这个时候，有件事情让上官婉儿格外揪心。那就是武后竟然派左金吾卫大将军丘神勣前往巴州监视李贤，以防他再起谋反之心。武后终于要有所动作了。上官婉儿清楚，这个女人无论如何善用权术，也不会真想要害死自己的亲生儿子。但武后派去的这个丘神勣却实在不是合适的人选。上官婉儿早就听闻此人心狠手辣，专门与周兴等人一起除杀阻挠太后当政的人，这些人刀下的冤魂不计其数！

李贤如今不过是一介平民，他会不会有危险呢？她害怕极了，她已经失去了宫中唯一的好友李显，不愿再永远失去废太子李贤了。人只要活着，就还有希望啊！

上官婉儿试图给李贤捎口信，希望他能够第一时间携家眷远走高飞，让所有人都找不到他。即便是亡命天涯，也好过成为刀下冤魂。

经过千辛万苦才送出的口信，得到的却是李贤如下的回复："人的命数自有天定。若能够以死祭奠李唐王朝，成为它最好的陪葬，于愿足矣。"

随信还附有一封血书，短短三行短诗让人感到悲痛，诗名为"黄台瓜辞"：

种瓜黄台下，瓜熟子离离。

一摘使瓜少，再摘使瓜稀。

三摘犹自可，摘绝抱蔓归。

婉儿看到这让人备感绝望的回复，痛不欲生。随信带来的血书，更叫她看到了李贤心底的悲凉之情。他才高八斗，拥有冲天的气概，是李家杰出的后代，可面对的最大敌人却是自己的母亲。

这首诗还让婉儿想到了才华横溢的曹植，更有感于他那首因骨肉相残而吟出的七步诗：煮豆燃豆萁，豆在釜中泣。本是同根生，相煎何太急？

诗中的情形和李贤的状况是何等相似啊！婉儿告诉自己，现在能做的就是求太后，希望她放李贤一条生路。

“太后，请您放过废太子吧。”婉儿双膝下跪，泪眼纵横，然后缓缓吟诵起李贤的《黄台瓜辞》。

武则天深为所动，沉默良久后，缓缓开口道：“朝堂上的事情，我也无可奈何。我不能因为他是我的儿子就纵容，我相信丘大人会秉公办事的。”

婉儿醒悟了，太后现在已经不只是一个母亲，更是一个朝廷蓝图的设计者，她必须为自己的政权负责！如今的李贤只求速死，认为求太后的意义不大。

“请您准许我出宫探望废太子。”这个大胆的提议她说出口就后悔了。

“好吧，你去看看吧，不过要速去速回。”武则天背对着上官婉儿，叹了口气。

就这样，上官婉儿得到了探望李贤的机会。她十分珍惜这样的机会，在途中快马加鞭，生怕晚一刻就见不到他了。行至木门，上官婉儿因为人困马乏，只得到木门寺稍事歇息，却不想听到了李贤被害的噩耗。

酷吏丘神勣拘禁了李贤，限制他外出。李贤铮铮铁骨，难忍让人如此宰割，加上他早对天下心灰意冷，朝廷的变故让他灰心丧气，他厌倦了如此屈辱的生活，选择了慷慨赴死，用一杯毒酒结束了他年轻的生命。

上官婉儿伤心欲绝，大脑一片空白，只觉得两耳嗡嗡作响，一扫来时轻松雀跃的心情。她于寺内晒经石上写下了怀念李贤的诗《由巴南赴静州》：米仓青青米仓碧，残阳如诉亦如泣。瓜藤绵瓞瓜潮落，不似从前在芳时。

这是上官婉儿第二次失去李贤，第一次是他离开皇宫，与她天涯相隔，那时候她的悲痛有关儿女私情，渐渐能做到冷静克制。而这一次却是他决绝自杀以表明心志，这次对上官婉儿的震撼要大过前次，它关乎国家，关乎尊严，关于理想和自由，如一曲高扬大气的挽歌。她是悲痛的，但在痛定思痛的当下更能理解他。她在这场悲剧中似乎理解了太后武则天，同为女人，她能洞悉到武则天刚毅面孔下的悲痛心情。

李贤带给婉儿的那封血书成为她永远的怀念，她没事的时候会拿出来诵读，就像在与他卓尔不群的灵魂对话。因为爱过这样一个男人，她觉得非常幸福，人生已经没有任何遗憾了。

第四章

参政后的步步惊心：忤旨黥面，机智果敢

[中书]舍人六人，正五品上。掌侍进奏，参议表章。凡诏旨制敕、玺书册命，皆起草进画。

——新唐书·百官志二

第一节

突如其来的告白

“你们都下去吧，让我一个人静一静。”武则天于榻上冥思，听到宫女韦团儿打碎了茶具，斥责了两句，就让宫女们都下去了。上官婉儿也顺势要随宫女们一起下去，不料却被武则天叫住了。

“婉儿，你留下。”

她深知武则天心中的烦闷，今日早朝有人提议要重修洛阳宫的正殿乾云殿，这宫殿本是前朝的旧殿，年久失修，确实已配不上李唐王朝的气度。但修建这样一座偌大的宫殿却不是一朝一夕就能完成的，工程浩大，国家要投入大量的人力财力去维持。

所以，朝堂中有很多反对的声音，赞成者占少数。这让武则天感到很不快，她希望建造一座恢宏的殿堂来彰显皇家的威仪，这是她心中潜藏已久的夙愿。如今，她掌握着朝堂大权，却无法实现多年的夙愿。

“你说，他们为什么要反对我?”武则天近日来很喜欢跟婉儿说话，她欣赏婉儿的智慧，她总能给她带来不一样的惊喜。

“太后，他们只是真心为社稷着想，这工程当真不易啊!”

武则天没想到一向深得其心的婉儿也反对自己，她怎么也像那些只知道浪费国家财力的无能之人?

“你认为我是在劳民伤财吗?”武则天毫不客气地看着眼前这个小丫头。

“太后，如果您能找到担此大任的人，也许能有不一样的结果，但这终归是一场赌博。”上官婉儿知道劝阻不了，便希望武则天能找到担此重任的人。

“我看小宝挺合适的。”

上官婉儿根本没想到太后会提到这个人，她眼中的那个薛怀义，不过是一个会讨女人欢心的男宠而已，实在不足挂齿。

武则天见上官婉儿不说话，有些不快：“难道你也觉得他不过是我宠信的一个男人，没什么本事?”

“婉儿不敢，只是对他的能力有些怀疑。”

“那我就证明给你和大臣们看看。”武则天决断的口气不容置疑，上官婉儿只得点点头，识趣地退下了。

说起这个薛怀义倒是有故事的。自从高宗皇帝死后，他就经常出入内宫，深得太后武则天的宠信。宫中人早就对他俩的关系议论纷纷，但只敢私下里偷偷讲，毕竟贵为太后的武则天掌握生杀予夺的大权，谁又敢口无遮拦地乱说呢。

让上官婉儿想不通的是，武则天英明果敢，怎么会随便跟一个平凡的男人偷情呢？后来听韦团儿与这些伶俐的宫女谈起，才明白，原来这个薛怀义从前就跟太后认识，两人可以说是患难之交。

“听说当年太后还是才人的时候，被送到感业寺出家，遇到了在白马寺做和尚的冯小宝，也就是现在的薛怀义。”韦团儿和几个小宫女说着。

平日里这个韦团儿因为乖巧伶俐很受武则天的喜爱，所以知道很多武则天当年的事情，据说是太后心情好时告诉她的。

上官婉儿将信将疑，但看这个薛怀义本是个卖艺的贫贱之人，又出过家，现在却能随便出入皇宫重地，就不得不信了。

上官婉儿第一次见到薛怀义的时候，简直不敢相信自己的眼睛，这世界上居然有这么威武勇猛的男子。她不太敢正眼去看这个男人，因为他正一边一丝不苟地给太后按摩，一边说笑着，这让婉儿觉得自己进来得很不是时候。

“婉儿，进来吧。”目光如炬的武则天看到了上官婉儿，上官婉儿只好硬着头皮进来通报了上朝的事，正要退下，武则天却说：“来，认识下，这是薛怀义，以后由他负责照顾我。”

上官婉儿向对方示意问好，这才看清了对方的长相。只见这薛怀义身高近七尺，浓眉大眼，很有一股阳刚之气，一想到他刚刚在给太后捶腿捏背，婉儿就忍俊不禁。

“姑娘，你笑什么?”薛怀义倒是快人快语，完全没有这皇宫里该有的谨慎。

“没什么。太后，那我先下去了。”上官婉儿无论什么时候都不会忘记谨小慎微行事的。毕竟，小心驶得万年船。

这是上官婉儿跟薛怀义第一次接触，想他在武则天身边放松自然，丝毫不像是一个陌生人，若非早就相识，怎会如此随性呢？再想想自己在武则天身边时刻紧张，简直是天壤之别。事实上，不止是上官婉儿，又有谁能够对太后这样一个六十多岁的老妇人的情绪有多大的把握呢?

这个走江湖卖艺出身的薛怀义是通过千金公主来到武则天身边的。上官婉儿和其他的宫里人一样，从未想过他能有什么出息，却不想，在太后力排众议重修洛阳宫之后，这个薛怀义倒真的像模像样地做起来了。

历时一年的时间，到了垂拱四年（公元688年）正月五日，明堂，也就是万象神宫，终于落成。这座宏伟的宫殿高二百九十四尺，阔三百尺。共有三层，上为圆盖，有九条巨龙作盘桓之势，又有一丈高的铁凤，周身涂满黄金。

这让所有人感到赞叹，包括上官婉儿在内。薛怀义终于挺直了腰板，被擢为正三品左武卫大将军，封梁国公。不仅如此，平步青云的他，在以后的日子中，屡有建树，更加深受武则天的喜爱。

上官婉儿也对这个男人的印象有所改观，本以为堂堂七尺男儿，每天靠着取悦武则天这样的老妇人而获得权势，很让人不齿，可如今，他向世人证明了自己的才能。

不过上官婉儿心中还是怀疑，他们之间是否真的有爱情存在？也许武则天不过是被他当成走向权力的一个桥梁，仅此而已。但遥想当年二人同患难的情景，这个薛怀义似乎也是个重情之人。

“婉儿姐姐，你发什么愣？”上官婉儿正在思考薛怀义的为人时，被韦团儿一声清脆的女声拉回了现实。

“没什么。我只是在思考问题。”

“你不是发春了吧？”这个韦团儿说话向来大胆，也是因为这个，太后武则天很欣赏她。武则天听惯了阿谀奉承，当真有人敢说些逆反的话时，反倒很喜欢。

“胡说。”上官婉儿白了韦团儿一眼，没想到这个小蹄子跟她说话也这么随意。上官婉儿想到自己一会儿还要找李旦下棋，就赶紧找了个托词跟韦团儿分开了，却不想走在半路上，正碰上那个薛怀义。

上官婉儿礼貌地点头示意，却不想被薛怀义拦下了：“姑娘为何见到我总是躲闪呢？”

上官婉儿觉得啼笑皆非，她有什么理由不躲闪呢，他薛怀义可是太后的男人。“我只是恪守本分，请薛将军不要介怀。”婉儿说着就往前走，却不想被薛怀义拉住了衣袖，“姑娘，难道你就丝毫没有感觉到我对你的心意吗？”

听薛怀义这么一说，上官婉儿感到面红耳赤，已经很久没有男人在她面前这样大胆地表白了。但想到自己不过是太寂寞，且对这个人从未有过感情，她呵斥道："薛将军请放尊重点，我一向欣赏您对太后的感情，而我也是太后最信任的人。今天的话我就当没有听到过。"

薛怀义见她对自己没有感觉，也没有强留，遂放她走了。

上官婉儿的心怦怦地跳个不停，幸亏刚才没有人看到，要不她就是跳到黄河也洗不清了。没想到，这个薛怀义仗着自己当官了，居然打起了她的主意。

第二节

皇帝退位，武后称帝

称帝的武则天似乎比想象中更能扮演好皇帝这个角色，李家人以往的种种执着和担忧似乎都被消解了，但对权力的膜拜总免不了流血牺牲，这一点从逝去的生命中就能体味一二。只是究竟女皇登基是福还是祸，也是如人饮水冷暖自知。曾经发生的种种流血、牺牲、不甘、痛苦和宽容，也渐次涌入到婉儿的眼前，恍如昨日。

在李冲等人谋反的事情告一段落时，丧父的太平公主在武则天的关怀下渐渐走出了阴影。婉儿钦佩公主有着大丈夫一般的胸襟，公主明白她的丈夫想要将母亲打倒，她也是左右为难，而现在不过是母亲胜利了。“能这样想也算好的，公主，你为了孩子也要保重身体!”婉儿宽慰道，随即就出了驸马府，驱车回到了宫中。

上官婉儿走在御花园中，看到李旦一个人在心事重重地叹气，也不顾天气的寒凉，就自顾自地坐在石凳上。

“皇上，您怎么了？”

李旦见到上官婉儿，就把自己的心事告诉了她。原来，李旦曾经的老师凤阁侍郎刘祎之出事了。

这刘大人一向深得武则天的赏识，当年他因罪流放在外，也是因为武则天的关系才得以重返京都。现如今他更是得到重用，武则天有什么军国要事总要让他参与讨论，并构思诏敕。婉儿也钦佩刘大人是一个友爱孝悌的文人，从他那里学到了很多东西，对他的感情很深厚，无异于李旦和他的师徒情分。

“到底是因为什么？”婉儿眉头紧锁，她最近见到了太多的血腥和杀戮，好消息太少了。

“都是我害了师傅。师傅只是想要母后还政于我。又是该死的还政！还要有多少人要为武李两家的争斗献出生命呢？我一定要保住师傅。”

这是上官婉儿听到的最坏的消息，看来，只要武则天一天不登基，围绕“还政”这个话题还会让更多无辜的人失去生命，失去一切。但想到武则天向来开明，只因为一句话就处死刘大人也不大可能啊。

“那刘大人肯定不会死，我自问了解您的母后。”

“可是，有人诬告他收了契丹人的黄金，而且跟原宰相许敬宗的侍妾私通。其实，第二个罪名倒没什么，第一个罪名竟被人说成是通敌叛国。”

“这些小人，怎么能如此混淆视听、颠倒黑白呢?”上官婉儿听了也是义愤填膺，恨不得亲自去找武则天，为刘大人澄清罪名。但想想自己不过是空口无凭地申辩，一下就没了底气。如果有可能，她愿意以死来换取刘大人的性命，因为她知道，刘大人会创造出比她上官婉儿更高的价值来。

上官婉儿和李旦就这样一路说着话来到了武则天的寝宫。随后李旦在武则天的卧房里向她求情，希望她能够网开一面，放刘大人一条生路。上官婉儿也想留下来求情，却被武则天屏退了，只得像热锅上的蚂蚁一样，在宫门外忐忑地等待着。

她很少这样地激动了。只听到宫门内李旦声泪俱下的哭告，这是一个儿子向母亲的求救，而不是发生在皇帝和太后之间。

婉儿等待了一个时辰左右，才看到李旦萎靡不振地从里面走出来，然后摇摇头，长叹一声：“这样无能的皇帝，要我何用?”

婉儿只拍了拍他的肩膀，表示安慰，就进去了。她在整个下午伺候武则天的过程中，一直在等待一个时机，希望可以为刘大人说上两句好话，以减轻他的罪责。

“太后能废昏君、立明君，为什么不能把权力给皇上来安抚天下?”武则天的耳边回响着刘祎之这句话，心中很不是滋味。天下人都觉得是她武则天在夺权，却没有人去想想，有能者为何不能居之？若天下落到了一个不适合的人手里，也许真会造成生灵涂炭呢。

婉儿看武则天若有所思，心想再不说就该用晚膳了，刘大人可是危在旦夕。想到几年前徐敬业起兵反抗武则天，裴炎大人根本就没有参与，只是主张要武则天归政，结果就落得个斩首抄家的下场。当时的婉儿没有能力救裴大人，至今仍然懊悔，当时她甚至连奋力一搏的勇气都没有。这一次，她不能再犯同样的错误了，她必须救刘大人，于是她壮着胆子开口了："太后，婉儿有句话，不知道当讲不当讲。"

"你说。"武则天心中还在想着刘祎之的事情，漫不经心地回答道。

"我想给刘大人求情，希望您能够赦免他的死罪。您素来惜才，他也对您很忠诚，请您饶他不死吧。"

武则天没想到这个陪伴自己多年的小丫头，如今也有了忤逆自己的勇气，再想想刘祎之何尝不是如此啊，当年忠心耿耿地跟随自己，如今却要反对她。她愤怒了，因为前所未有的孤独。就在刚刚，自己的亲生儿子也将她看成了冷血无情的人。

"婉儿，你最近总是越矩，有些过分了。难道你也要成为第二个刘祎之吗?"

"婉儿不敢。"上官婉儿早就想到自己的话会让武则天反感，但她知道，现在已经不是惧怕的时候了。朝廷中周兴那一伙人专门揣摩太后的心思，然后蓄意制造些冤假错案，只要是太后不喜欢的人，或者是得罪太后的人，全部都没有好下场。

"自古忠言逆耳，太后，请您三思啊!"

“刘祎之是我所引用的，居然有背我之心，难道他还能感念我的恩情吗？婉儿，我希望你记住我今天跟你说过的这句话。”

过了几日，刘祎之就被处死了。他在临死前，命儿子刘扬名向武则天上谢表，刘扬名内心悲痛而手不能握笔，刘祎之便亲自完成谢表后，慷慨赴死。

李旦也因刘祎之的死而更加心灰意冷，他开始不再信任自己那强势的母亲。太多的死亡和鲜血告诉他，是时候该急流勇退了。他在这皇位上，难有作为，只会让拥护李家王朝的臣子白白伤亡。他累了，真的太累了。

武则天也为自己的称帝做好了准备。首先，武则天于永昌元年（公元689年）开始使用周历，并改元为载初元年。又开始使用自己的新名字——曌。为避讳，从此诏书就更名为“制书”。在亲武朝臣的煽动下，大批臣民请愿希望武则天改朝换代。

沉默许久的李旦终于开口了，他希望母亲称帝。上官婉儿明白其中的隐情，是刘大人的死让李旦认识到了，目前使天下安定的唯一方式就是让位给母亲。为求自保，李旦请求改姓武。婉儿此刻明白了，李旦比李贤更沉稳聪明——留得青山在，不怕没柴烧，保住性命才能有所作为啊！

第三节

一伤成荣

公元 690 年 9 月，武则天称帝，改国号为周。废睿宗，封他为皇嗣，改名武轮，迁居东宫。

六七百人受到株连，五千余人没入官籍，这样大范围的波及和株连让新任豫州刺史狄仁杰感到不安。他敏感地察觉到，这其中定有很多人是无辜被牵扯进来的。

司刑使大人有些不耐烦了，他不明白这个狄仁杰有什么好犹豫的：“狄大人，难道这罪犯里面有您的亲属？时辰到了。”

狄仁杰从容回应对方的冷嘲热讽：“大人，当然没有。但我请求延缓执行，这是无数条人命啊！”

司刑使感到很为难，毕竟这些都是谋反之人，不同于别的罪犯，贸然延后处置，万一惹怒了上面，他该怎么办呢？

狄仁杰猜透了对方的心思，笑道：“大人不必担心，如果上面怪罪下来，我愿意承担所有的罪责。”

“那就给你一天时间吧，这已经是最大的让步了。”

狄仁杰火速派人到洛阳，向武则天秘密汇报了这件事情。上官婉儿读着狄仁杰的密函，内心很是钦佩，早就听说这个狄仁杰刚正不阿，果然是名不虚传啊！

密函是这样说的：“我本想正大光明地上奏，但似乎有为谋逆的人说情之嫌；但是如果我明白什么是对的又不说的话，又恐怕违背了陛下怜悯天下百姓之心。这些人作出谋逆之事并非他们自愿，希望您怜悯他们的不得已。”

武则天素来欣赏狄仁杰，二话不说就答应了他的请求，决定将这些死刑犯赦免，只处以发配的刑罚。婉儿欢呼雀跃地拟诏，这是她近日来拟的最宽容的诏书了。她庆幸，朝廷中还有狄仁杰这样刚正的臣子在。那些酷吏迟早有一天会得到他们应有的惩罚，婉儿坚信。

称帝后的武则天终于名正言顺地执掌起朝堂，她感到前所未有的满足和幸福。纵使天下人都不理解她，自己的儿子和女儿也不相信她，她还是要坚持自我。

上官婉儿有种复杂的感情，客观地来看，她对于武则天称帝并没有太多的成见，她相信武皇具有让四海升平、百姓安居的能力，甚至能够比她的丈夫高宗皇帝做得更好。她也乐于在武皇的身边陪伴，因为武皇是一个有能力、明辨是非的人，这样的人是适合做君主的。

只是，婉儿害怕的是武皇的登基成全了很多人的野心。本来武家人距离皇权有万里之遥，可现在这遥不可及的帝王梦却被武家的一个女人实现了。而李家却子孙凋零，当他们遥想父辈开国的豪气和威武时，该是多么自惭形秽啊！

降为皇嗣的李旦搬到了东宫，在这个熟悉又陌生的宫殿内卧薪尝胆。婉儿明白，李旦是一个能屈能伸的大丈夫，总有一天会实现自己的政治抱负。对于大周朝，朝堂上的臣子们已经从起初的排斥到现在的接受了。毕竟事情已成定局，接受这样的事实以便更好地“在其位，谋其职”，可能是目前最好的应对方式吧。更有那些不拘泥于男子当政的开明人士，反倒对武皇这样的一个女帝充满了希望。

武家人的地位更是上了一层楼，武三思如今已经被封为梁王了。本来不过是皇后侄子的他，如今也成为地位显赫的王爷。不仅如此，连功绩不大的武承嗣也被封为魏王，监修国史。

上官婉儿有些害怕武三思，总觉得这个人不简单，给人一种危险的感觉。具体是什么，她又说不清楚。毕竟，每次她在皇宫中见到武三思，对方都是礼敬有加的。她凭借的，不过是一个女人和臣子的直觉。

其实，比起武三思，眼前的这个男人才是最该让她害怕的。

薛怀义正在给端坐在镜子旁的武则天盘头，自从武则天称帝以来，这个薛怀义就堂而皇之地搬到了她的寝宫，二人同坐同宿，俨然是一对夫妻。上官婉儿打心眼儿里瞧不起薛怀义，他不过是一个男宠，却真的以为自己是一人之下、万人之上。前两天韦团儿还跟婉儿抱怨，说这个薛怀义想占她的便宜，但碍于武皇对他的宠信，她根本不敢告诉皇上，怕他反咬一口，到时候自己反而要遭殃。

有了这样的例子，上官婉儿在武皇宫中更是小心翼翼，她要自保，还不能跟这个薛怀义闹得太僵。自古以来，枕边风都是最有杀伤力的。其实，武皇有男宠这件事是很能体现男女平等的。既然武则天当了皇帝，也就要跟自古的帝王一样，有宠幸后宫之事。婉儿敬佩武皇对圣人那些迂腐礼节的嘲弄，却不能忍受她选择的是这样一个男人。

这个男人把武皇伺候得服服帖帖的，近些日子以来武皇也确实看起来年轻了许多。看来有男人在身边的确是不同的。这个薛怀义也因此更受武皇的重用，不断地被晋升提携，官运亨通，甚至连武三思都要敬他三分。除了太平公主对他不理不睬外，阖宫上下无不对他殷勤恭敬。

这天，武皇因处理政事累了，早早就歇息了。婉儿看没有什么公文上的事情要辅助武皇，也准备退下去休息了。最近政务繁忙，婉儿手上写就的诏书也多了起来，各项政令实施起来也很有效率，这让她有些微的成就感。她在武皇的书房中收拾停当，正准备起身离开，却不想薛怀义蹑手蹑脚地走了进来。

婉儿本来就厌恶这个人，又看他举止猥琐，更是反感，说道："你不伺候皇上，来这里干吗？"

薛怀义没想到上官婉儿居然敢这么跟自己说话，自己好歹也是大将军，更兼任白马寺的主持，她不过是一个小小的才人，但看她明眸皓齿，正值二十多岁的妙龄，刚要发作的怒火又压了下去，柔声道："我来看看你，婉儿，我好想你。"

正说着，薛怀义就作势要扑过来，还好上官婉儿早有防备，三步并作两步跑出书房，进入明堂，迅速通过甬道，将大门紧闭。薛怀义还没反应过来，就让身形娇小的婉儿跑了。他恼羞成怒，在明堂外大吵大闹，上官婉儿怎么也不肯出来。

薛怀义差了几个宫人将明堂大门撬开，婉儿没有办法，只得用明堂中陈设的器具抵住房门。外面的人用力推门，不小心将那些祭祀用的灵器都打碎了。上官婉儿顺势将明堂中其他的东西都损毁了，之后索性推门而出，笑道："薛怀义，这下咱们就鱼死网破吧，破坏明堂可是大罪！"

本已经安眠的武皇听到了吵闹声，差人将闹事的薛怀义和上官婉儿带了过去。

武则天分别向二人询问了事情来由，下旨把薛怀义关起来，闭门思过，官位降两等。

上官婉儿不服，说道："武皇，这等轻薄又恣意妄为的人，受这样的刑罚未免太轻了。"

“我还没给你治罪呢，你倒先过问起别人的罪责来了。来人，把上官婉儿给我拖出去，赐死。”

上官婉儿没有想到武则天会真的杀了自己，尽管她犯下了大罪，但那也是为了反抗这个男宠，罪不至死啊。看来，薛怀义在武皇心目中的位置真的很高。她听到武皇要处死自己，心中长久以来的憋闷和不满终于要爆发了，她要发言，要表示抗议：“武皇，我死不足惜，只可惜这样的人竟然还能继续留在您的身边，我为大周朝廷惋惜！”

上官婉儿被拉到宫门外，太监总管拿出一瓶毒酒，端到了她的面前，一旁的侍卫宫女无不动容。他们都是旧识，以前也很受上官婉儿的照顾，实在为她就这样死去而感到不值。

婉儿陪伴自己多年，与自己的儿女无异，这点武则天比谁都清楚。而且她识大体、有才华，若不是薛怀义得寸进尺，她又怎么会明知故犯呢？她叹了口气，吩咐自己的总管去宫门外。

此时，众人正在唉声叹气，看到武皇的总管来了，知道有转机了，只听总管说：“武皇口谕，上官婉儿忤逆圣上、损毁明堂，死罪可免，活罪难逃，处黥刑。”

上官婉儿本已打算慷慨赴死，却没有死成，还要受这让人没有尊严的黥刑，想她一个妙龄女子，怎么能够接受？好在行刑的宫人只在她的额头刻上了两个小字：“忤逆。”她知道武皇对她已经从轻发落，格外开恩了，心中很是感激。

事后，上官婉儿想到一个方法来遮掉额头上这两个小字，她叫宫里手艺熟练的工匠在额头上根据这两个字的走势，刻上了一朵梅花，然后上红。自此，额头上那朵栩栩如生的红梅，便成了上官婉儿的标志。她不但没有因此破相，反而在红梅的衬托下，显得越发娇艳美丽。

女人的欲望和妒忌是可怕的，纵使毁坏名堂罪名成立，不也是薛怀义色胆包天所致？而同为女人的武则天，心中怎会对上官婉儿没有一丝女人之间的妒意？恃宠而骄的薛怀义也未得善终，最终伴随着明堂上空燃起的熊熊火焰，从人们的记忆中消失了。

再也没有人在宫中见过薛怀义。有人说他离开了，回到了故乡，也有人说他死了，死因不详。武则天对待婉儿一如既往，没有因为这件事情有任何的改变。这让上官婉儿很感动，对她更为尊敬，因为李贤而沉淀的那一点怨气也渐渐地消散了。她可以确信：武则天会是个好皇帝。

第四节

龙门诗会之行

“上官姐姐，你最近看起来心情不错。”韦团儿看着眉开眼笑的上官婉儿，不知道究竟发生了什么好事，让近日来多愁善感的她看起来很快乐。

“当然。”上官婉儿想着还有几天就是洛阳龙门诗会了，心中自然很高兴。上一次她只是陪同武则天去参加，诗会则由那些有识之士主持。这次，武皇钦点让她去主持。参会的有很多知名的文人学者，婉儿一向敬重有才学之人，这下终于可以跟他们切磋诗艺了。

婉儿不愿跟韦团儿说太多，因为说了她也不会明白的。文学带给人的快乐简直是无与伦比的。而韦团儿每天脑子中只想着男欢女爱之事，她怎么能懂呢？

历届的龙门诗会都有个不成文的规矩，即由武皇出题，文人们根据题目做应制诗，最先诗成者就能得到御赐的锦袍。这一天，整个洛阳龙门人声鼎沸、热闹非凡。武则天的仪仗气势宏大威严，出行的队伍整齐划一，颇有皇家风范。

大批的文人被召集在龙门。行礼完毕，武则天开始出题，婉儿则坐在武则天旁边，主要负责朗诵并评点诗歌。第一个把应制诗交给婉儿的是东方虬。这个东方虬早有诗名，婉儿最喜欢他的《春雪》，只短短四句，却余味十足：春雪满空来，触处似花开。不知园里树，若个是真梅。

按照规矩，东方虬获胜，但还未等他坐定，宋之问的诗《龙门应制》也成了。

宿雨霁氛埃，流云度城阙。

河堤柳新翠，苑树花先发。

洛阳花柳此时浓，山水楼台映几重。

群公拂雾朝翔凤，天子乘春幸凿龙。

凿龙近出王城外，羽从琳琅拥轩盖。

云罕才临御水桥，天衣已入香山会。

……

郊外喧喧引看人，倾都南望属车尘。

嚣声引飏闻黄道，佳气周回入紫宸。

先王定鼎山河固，宝命乘周万物新。

吾皇不事瑶池乐，时雨来观农扈春。

婉儿诵读完毕，众人莫不称赞，觉得宋之问的诗歌文理兼美，显然更胜一筹，于是婉儿判定宋之问获胜。

东方虬也是一个极有人品的，表示赞同上官婉儿的评判，并就势说道："素闻上官姑娘才高八斗，颇有祖父上官仪的风范，今日不如就让我们大家见识见识。"

上官婉儿哪里想到她一个主持的身份，竟也被大家推到了前台，要她现场赋诗一首。可近来公务缠身，她哪里有闲暇赋诗，心境也大不如少年时期，诗性少了很多，便推辞不肯。

后来连刚刚得胜的宋之问也这样说，婉儿便应允了："只是婉儿与诸位文豪相较，还是相距甚远的，只有献丑作诗一首了。"

众人纷纷颔首，觉得这个女子果然是温婉有礼，武皇果真是好眼光啊！接下来就是静待她的诗作，看她是否浪得虚名了。

婉儿环顾这龙门诗会的陈设，想到来的路上仪仗队的威严，马上有了灵感，随即吟诵出一首小诗《鸾旗》：

鸾旗掣曳拂空回，羽骑骖驔蹑景来。

隐隐骊山云外耸，迢迢御帐日边开。

“好诗啊，好诗！小小女子，竟作出如此气象雄浑的诗篇来，果真是巾帼不让须眉！”人群中有人赞叹道，众人纷纷向她投来欣赏的目光。

上官婉儿仍表现得很谦卑：“小女子还有很多需要学习的地方，诸位前辈谬赞了。”

“赏。”武则天等大家都夸赞完婉儿后，决定好好奖赏自己身边这个得力的女子。

“婉儿多谢武皇，万岁万岁，万万岁。”

“其他人也赏。”

众人纷纷叩谢。这场龙门诗会的诗歌比赛又进入了下一轮。这一整天，大家都沉浸在诗歌的澎湃热情中，丝毫不觉疲惫，反而感叹时间逝去得太快，转眼夕阳西下，武则天的仪仗队伍浩浩荡荡地启程回宫了。

上官婉儿看着这夜色中辽阔的山河，想到武皇登基以来的励精图治，之前的担忧开始消减了。酷吏周兴和丘神勣因谋反而被斩首，这几个专门制造冤案的魔鬼终于得到了应有的惩罚。只是还有一个来俊臣，仍因貌美和忠心，深得武皇的赏识。这个酷吏迟早要铲除，婉儿坚定地对自己说。她现在已经不是当年那个小女孩了，能独当一面，也深得武皇的信任，很多奏折她都可审阅并提出意见，武皇也多交由她处理。

回宫之后，武则天心情很好，处理完朝政后，就喜欢找上官婉儿说说话、下下棋，或者只是让她为自己吟诵些古诗。两个人的关系前所未有地融洽起来。自从上次薛怀义事件之后，婉儿对武则天也基本不再介怀了。

“婉儿，你相信人会不死吗?”上官婉儿正在翻看一首诗歌中典故的出处，却被问了这么个没头没脑的问题，她不假思索，直接回答武皇道：“不相信。”

“你果真不信，我猜你也不信。”

“那您信不信?”

“我，我信。我信精神的长存、灵魂的不朽，但肉体终归腐朽。你觉得我老吗?”

上官婉儿觉得回答这个问题倒是难了，女人都不喜欢被人说老，即使非凡如武皇，也大概难逃人之常情吧，但想来还是实话实说吧；“我觉得您老了，但内心还是年轻的。”

“我喜欢说实话的人。”两个人相视一笑。

这时候，太平公主进来了，只见她面有不悦之色，进门就对武皇说：“母亲，这个武攸暨太过分了，成亲半年来一直冷落我。您当时就不该赐死他的妻子。”

婉儿在这件事情上是同意太平公主的说法的。武皇对太平公主的宠爱太过了，甚至到了极端，居然用处死自己侄媳妇的方式来让太平公主嫁给侄儿武攸暨，“君子不夺人所爱”，这样抢夺来的幸福很可能就是不幸啊！

"是谁当时哭哭啼啼非要嫁给人家的？说什么即使做小也愿意。我大周的公主，怎么能够给人做小，母亲也是逼不得已。"

太平公主本来还想申辩，可转念一想，也是因为自己当时任性才会让母亲出此下策的，事到如今，也只有听天由命了。

"婉儿，你说，我如果一直对他好，他会被我感动，接受我吗？"

太平公主握着上官婉儿的手，天真地问。婉儿恍惚中觉得公主一直没长大，根本不像是几个孩子的母亲，倒像是一个情窦初开的少女。

"公主，你知道《诗经》中的《蒹葭》吧？"

太平公主点点头："自然是知道的，这首诗怎么了？"

"《蒹葭》里这样说男女之间的爱情：蒹葭苍苍，白露为霜。所谓伊人，在水一方。溯洄从之，道阻且长。溯游从之，宛在水中央。蒹葭萋萋，白露未晞。所谓伊人，在水之湄。溯洄从之，道阻且跻。溯游从之，宛在水中坻。蒹葭采采，白露未已。所谓伊人，在水之涘。溯洄从之，道阻且右。溯游从之，宛在水中沚。这首诗就是我送给公主的忠告。"

太平公主听到婉儿的这一番话，心中有些难过，明白自己的爱情不过是内心营造的幻象。正因为百折不回都无法得到，她才会觉得特别珍贵，也才会有非要得到不可的心思。是她一手造成了自己如今的困境啊！想想自己贵为公主，可能还不如寻常人家的女子快乐，想到这里，她忍不住流下了眼泪。

上官婉儿又何尝不伤感呢？不管是心造的幻象还是真爱，太平公主好歹遇到了，勇敢去追求了。而她呢？多年来一直活在旧爱李贤的阴影中，再没遇到一个让她心动的男人。

第五节

机智助平反

太平公主自从那一日来宫中跟武皇抱怨过婚姻生活的不如意后，就再没有在她日理万机的母亲面前提起自己婚姻生活的悲哀，倒是常常和上官婉儿谈论家长里短的琐碎和悲凉。两人本就亲厚的关系更近了一层，婉儿也更感到一种寂寞。毕竟，她已经从一个懵懂无知的少女成长到现在的年纪。二十九岁，一个女人到这个年纪可就是老姑娘了。

她每天基本上就是帮助武皇做些文书上的工作，以至于她根本无暇去思考自己的人生大事。母亲郑氏也多次催促她快快寻觅一个如意郎君，这是老母亲多年来的夙愿。但婉儿心中早已决定，自己的爱情已经随着李贤的死而永远被埋葬了。在她的人生中，以后能有的也只能是事业了。但身为女人的她，也会软弱，尤其是太平公主抱怨家庭生活时脸上不经意间流露出的充实感，常常让她感到嫉妒。

这天，狄仁杰大人因升任宰相而来宫中叩谢武皇，正巧遇到了闷闷不乐的上官婉儿。这个狄大人对上官仪的文才和人格很是欣赏，在不多的几次共事中，也了解到上官婉儿的人品，见她如此伤怀，于是宽慰道："婉儿，人生不如意者十有八九，你何必如此伤怀呢？"

上官婉儿没想到狄大人这么关心自己，自从裴炎大人死后，她已经很久没有感受到长者的关怀了。她觉得自己不该如此失态，于是回答道："多谢狄大人关心，婉儿必当保重。"

狄仁杰点点头，便同上官婉儿一同来到了武皇的寝殿。

武则天此时正在看一份弹劾狄仁杰的奏折。她先开口问婉儿："婉儿，你觉得若被人指责为官不清廉，一定是本人的责任吗？"

上官婉儿不以为然，她认为人言本就不可靠，也许这种指责是中伤呢，但也未必，于是回答道："以事实为基础，人言只做旁证，仅仅能够参考。"

"狄大人，你在汝南的时候，有很多的政绩，你想知道是谁中伤你的吗？"

上官婉儿这下明白了，原来武皇是在试探自己的政见。既然她如此问自己，肯定不会拿狄大人怎么样的，而且狄大人的人品是有目共睹的。

“微臣不想知道。如果陛下认为我错了，我就改过；如果陛下明白我并无过错，这是我的幸运。”

“你就不想找出那个人?”

“我倒要感谢那个人，因为能够通过他来不断提醒自己保持清廉。”

武则天听了很高兴，不但没有追究，反而大大赞许了狄仁杰，赏赐了他。

但不久，来俊臣就跑到武皇跟前，报告狄仁杰连同几个大臣谋反，说是已经第一时间将反贼收监。

上官婉儿恨得牙根痒痒，好不容易除掉一个周兴，这个来俊臣又不消停了。看来这个人比周兴有过之而无不及啊！更让上官婉儿始料不及的是，狄大人居然第一时间认罪了，甚至还没有等周兴动用任何酷刑。大周朝有法律规定：如果犯人承认谋反的罪责，则能够减免死罪。但狄大人岂是贪生怕死之徒?

武则天也有些疑惑，告诉婉儿：“狄仁杰认罪了。还说什么‘大周革命，万物惟新，唐室旧臣，甘从诛戮，反是实’!”

“想必狄大人是有什么苦衷。”

“我也希望如此啊，他是我很信任的人。”说这话的时候，武则天面露失望的神色，似有所触动。

婉儿很少见到武皇有这样失落的表情。为了得到今天的位置，她付出了太多，也牺牲掉了很多生命。她似乎是厌倦了，不想再看到有无辜的人丧命，更何况这个人是她一向爱惜的人才狄仁杰。

正在上官婉儿打算出宫去探听情况的时候，一个小宫女把她叫到了一个小角落。

上官婉儿觉得这宫女面生，不像是太后宫中的人，很是奇怪。

对方明白上官婉儿的疑虑，开门见山道："姐姐不必疑虑，我是受人之托，有一物交予姐姐，姐姐一看便知。"

说着，那小宫女将藏于袖中的一块帛递给上官婉儿，只见那帛上面黑色的墨迹歪歪扭扭的，看出是在紧急情况下书写的，等她仔细读完上面的内容，恍然大悟，拍拍头，速速回到了武则天的身边。

"武皇，婉儿有一要事禀报。"

御医沈南蓼正服侍武皇饮用滋补的汤药，自从薛怀义消失之后，这个沈南蓼就总是出入武皇的宫闱，多是以看病为由。但婉儿早已经明白他实际上已经成为武皇的新任男宠，不过这个沈南蓼为人不像薛怀义那样张扬跋扈，很是温和谦逊，因此婉儿对他也很礼遇。

沈南蓼知趣地退下了，武则天抿了抿嘴，挥手示意婉儿禀告。

"原来狄大人真有冤屈，武皇，请您看此物。"婉儿说着将那一块帛呈上。

原来，这是狄仁杰在狱中偷偷写就，托人带出来的，里面详细记录了整个案件的情况，当然还包括自己的冤屈，以及认罪的原因。原来，如果不认罪的话肯定会被屈打成招，倒不如保存实力，先认罪，再偷偷叫人去查，然后将查好的结果告知上面，方能保证自己不被陷害。

武则天看了大赞，好一个狄仁杰，居然能够如此机智应对。

“婉儿，速速拟诏，为狄大人平反。”

这件事让上官婉儿在朝野中很有威信，以前朝中的人总觉得她不过是一介女流，仗着武皇的宠爱才能够到如今的地位。但这次狄仁杰事件中她表现出的果决，倒让人刮目相看。而狄仁杰更成为朝中少有的能够逃脱来俊臣魔爪的大臣。

上官婉儿早就对无恶不作的来俊臣深恶痛绝，连自己的妻子都是巧取豪夺来的人，有什么值得尊敬的？他的夫人出身名门，是大名鼎鼎的太原王氏。在讲究等级门第的唐朝，来俊臣并非显贵，怎么可能娶到这样的女子？而且这位王小姐已经嫁给一个叫段简的人了，只因貌美被来俊臣看上了。来俊臣便跑到人家家中假传圣旨，说武皇已将王氏许配给自己。段简明知道圣旨不可信，却又不敢反抗，害怕被来俊臣陷害，只得将娇妻拱手相让。

“这来俊臣可真是心狠手辣。”李旦听婉儿说起这个酷吏，倒是毫不陌生，尽管他在东宫中深居简出，几乎不问世事。

“连你都知道他？”上官婉儿可以想象出此人臭名远扬的程度。

“自宰相以下，来俊臣都登记姓名按顺序夺取朝臣的妻妾。”李旦说得如此详细，让婉儿更加瞠目结舌。这简直是一个淫贼。看来他不但自己的老婆是抢来的，还要每天研究怎么明抢别人的老婆。

“你做皇帝的时候，就该办了他。”

“我是心有余而力不足。也许我根本就不会重用这样的人。”

婉儿听出了李旦话中的抱怨。她知道，武皇在有了周兴的教训后，实在不该再重用来俊臣。但武皇似乎是怕了，当年大家都反对武皇，祖父上官仪还要废掉当年做皇后的她，后来反对她登基的人更是数不胜数。这个酷吏制度，就源于武皇的一个“怕”字啊！

“旦，我们今天是不是谈得太多了，你早点休息吧。”婉儿也怕，她不想李旦再有任何的危险，索性就停止了这个不愉快的话题。

第六节

皇妃遇劫

上官婉儿缓缓地走出东宫，抬头看着夜晚的漫天繁星，心情舒缓了不少。这时候，一个娇滴滴的女声喝道："上官姐姐，你去东宫干什么？"

上官婉儿听到这样的追问倒有些害怕，但觉得这声音熟悉又温柔，更像是在玩笑，于是回头一看，只见韦团儿躲在草丛中，正吃吃地看着自己笑。

"没什么，我只是去看看皇嗣。"婉儿小心翼翼地回答。

这韦团儿也不是个省油的灯，因为深得武皇的喜爱，说话向来直白大胆："我知道他跟你关系匪浅，何必如此见外呢？"

婉儿不明白韦团儿说这话的意思，故意问道："你这个时候在这里做什么？"

“我——我，我出来透透气。”韦团儿有些紧张，但强撑着申辩。

“我看不是透气这么简单吧。”婉儿别有深意地看了她一眼。

这一眼让韦团儿特别紧张，她做贼心虚地“扑通”一下跪了下来，紧紧揪着婉儿的衣角，哭诉道：“皇嗣一定跟你说了。是的，我跟他表明爱意了，我喜欢他，在他还是相王的时候我就喜欢。我保证不会痴心妄想了，求求上官姐姐，千万别告诉武皇，我不想死。”

上官婉儿本来只是试探下她，没想到她这么轻易就露了底。其实婉儿根本不知道有这件事，现在倒是抓住了她的把柄。不过，在这深宫中，多一个朋友总比多一个敌人强，再说她只是爱上了一个自己不该爱的人，也没有什么大错，想想还是息事宁人的好。

于是，婉儿故作威严道：“妹妹可不能再做这样的事情了。下次要是让武皇知道了，我想保你都保不了，以后务必循规蹈矩。这次的事，我希望不会再发生。”

听到婉儿这样说，韦团儿千恩万谢，发誓以后再不乱动心思了。但在心底里，韦团儿告诉自己，不能就此放弃。她既想得到所爱，又希望能够通过李旦爬上高位，这样一举两得的机会，她怎么会放弃呢？刚才不过是哄骗上官婉儿，让她不要告诉武皇，免得坏了她的好事。

就在婉儿去找李旦之前，韦团儿就以武皇的名义来到了东宫，说武皇让她送些东西过来，却两手空空的。李旦冷淡地说：“你既然忘记拿了，就可以走了，代我谢谢母皇。”

没想到韦团儿却从后边紧紧抱住了李旦，温柔地说：“皇嗣，我早就崇拜您了。我知道我配不上您，但我真的忘不了您。您就收了我吧。”

说着这话，韦团儿就要宽衣解带，想要引诱李旦。李旦呵斥道：“你这奴婢，好大的胆子，赶紧给我滚。”

韦团儿见李旦大发雷霆，对香肩半露的自己完全无动于衷，只得将衣服穿好，灰溜溜地走了。这次经历像是一根刺时刻扎着她的心，提醒着她，她要报复。

果然，过了几日，李旦就气急败坏地找到上官婉儿，希望她能够帮助自己摆脱韦团儿的骚扰。

婉儿觉得好笑，想他李旦是堂堂皇嗣，曾经也是一国之君，怎么会对付不了区区一个奴婢呢？

“这种事情你还要我帮忙，你只用你的地位去压她就好。”

李旦擦了擦额上的汗，有些不高兴地说：“这女子实在是不知廉耻。我真的没有办法了。唉！”李旦说着就气急败坏地走了。

后来婉儿才从李旦的小太监处得知，这个韦团儿居然找到李旦的妃子刘氏，说自己怀了李旦的骨肉，请皇嗣妃给她做主。这个刘氏倒是贤惠，请李旦纳韦团儿为小妾。但李旦根本对这个小宫女毫发未犯，何来骨肉？

上官婉儿自然是相信李旦的，于是决定想办法帮助他摆脱这个韦团儿，但却怎么也找不到她的踪影了。是不是知道自己闯祸了，韦团儿躲了起来。婉儿也没有在意这个小宫女，没想到后面竟然发生了让她震惊的大事。

李旦的两个妃子窦氏和刘氏已经在宫中失踪数日，李旦的儿子李隆基这些天也吵着要母亲，李旦只好偷偷派了很多人去找，却不敢声张。其实，李旦早已心知肚明，不过是骗骗自己的孩子，也骗骗自己罢了。他的两个爱妃已经在宫中被武皇秘密处决了，这件事连上官婉儿也是事后才知道的。

也许武皇深知婉儿与李旦的交情不浅，担心节外生枝才会这样处理吧。上官婉儿知道这个消息后很难过，但思前想后还是觉得不对，武皇没必要担心她啊，难道是有别有用心的人从中挑拨？直觉告诉上官婉儿，这件事肯定跟韦团儿有关。

果然，这个韦团儿在武皇耳边进谗言，说这两个妃子对她不敬，暗暗诅咒武皇，在房中行巫蛊之术，并说这样的人怎么能够照顾好皇家的血脉。武皇听后大怒，派人搜了两个妃子的房间，果然搜到了诅咒用的布娃娃。于是令两人来到宫中，名义上是陪自己聊天，其实在她们离开宫门后，就令侍卫将两人就地正法，连尸骨都偷偷处理了，没有人知道她们被埋在了哪里。

尽管李旦在外人面前表现得很淡然，像是什么事情都没有发生过一样，但在婉儿的面前，还是实实在在地大哭了一场。想到连自己的家人都保护不了，他的两个爱妃跟着他吃了不少苦，如今却不得善终，任谁都无法释怀啊！

“婉儿，我好恨，我这样窝囊的人，我好恨。”捶胸顿足的李旦是婉儿也很少见到的，他一直是以一个温厚的皇子形象示人的。

自古以来皇帝都掌握着至高无上的权力，李旦的两个妃子对于武皇来说是微不足道的，她们既然触怒了武皇，就必死无疑。但婉儿猜不透的是，武皇怎么会轻易相信韦团儿的挑拨，她们好歹是她的儿媳妇，怎么也比韦团儿身份高贵，值得信任。

她想安慰李旦，却感到喉咙哽咽，说不出话来。她见过太多的生离死别，以为自己的内心早已经麻木，但近日来看到李旦人前人后的两副面孔，她感到如凌迟一般痛苦。这个男人是那样温润如玉，命运对他实在是太不公平了。

她决定，一定要为两个皇嗣妃讨回公道，也算是对李旦的一点安慰吧，这比任何安抚的话语都更有力量。

婉儿也不急于行动，只每日观察武皇对李旦的态度。武皇派人杀死李旦的两个妃子后，见儿子并没有过多地抱怨，行为处事与往常无异，孙子隆基对她也很亲热，像什么都没有发生过一样。这样的日子过了几个月。这叫武则天从心底里感到一种疼惜，她甚至在思考，自己的决定真的是正确的吗？也许，她们罪不至死呢？

上官婉儿等待的正是这样一个时机，不料，一波未平一波又起，更糟糕的事情发生了。

第七节

再起波澜

李旦被害的妃子之一德妃的母家，也就是润州窦氏家族也要被武皇治罪了，罪名是“谋反”。事情的起因就是德妃的死，她的母亲庞氏每日以泪洗面，抑郁成疾，后听从仆人的建议，在夜晚焚香驱邪，想着也许能对自己的病情有所帮助。但这件事却被有心之人告诉了武则天，说她夜晚焚香诅咒圣上，有谋逆之心。

婉儿本来准备好的一肚子的话，这时候不得已都咽了回去。武则天本来在心中还怀疑自己是否太过苛责残忍，如今德妃的母亲庞氏居然偷偷焚香诅咒她，是可忍孰不可忍，她不会放过这一家无知而狂妄的人的。

“婉儿，拟诏，我不会放过庞氏的。”

上官婉儿有些迟疑，这被武则天看在了眼里：“怎么，你有意见？”

薛季昶从群臣中走出，谄媚地说：“上官大人可能有恻隐之心了，但上官大人要明白，姑息养奸的话，以后会有大患的。”

武则天听了很满意，这个薛季昶向来严肃办事，恪守规章，很合她的心意。她认为，一个优秀的管理者，必须具备这样的基本素养。她看了一眼站在自己旁边的上官婉儿，叹气道：“婉儿，你终究是太年轻，太过感情用事。”

“武皇，如果我说我认为这件事情另有隐情呢？”

“你有证据吗？”

上官婉儿摇摇头。是的，她只是凭着自己的感觉，空口无凭的，武皇又凭什么相信她呢？

在律法面前，人的情感是多么苍白无力啊。纵使你有天大的冤屈，如果没有可以证明自己清白的证据，那你就是罪犯，就该遭到律法的制裁。本来她对神圣不可侵犯的律法是无条件信任的，现在却觉得律法总归是刻板的条文，总有不尽如人意之处。

“那又有什么证据证明她有罪呢？”上官婉儿像是抓住救命稻草一样，说出了这句话。她明白，只是有人状告庞氏诅咒武皇，但那个人的证词就一定可信吗？

薛季昶严肃地回答了上官婉儿的问题：“上官大人，诽谤君主的罪名可不轻，人证物证俱在，铁证如山，怎可抵赖？”

他一边说着，一边叫人呈上了庞氏犯罪的物证，是一把焚烧到一半的香，还有一张写满字的纸。

“武皇，这就是庞氏行诅咒之事时用的工具，纸上写满了对您的诅咒和对大周朝的不满。”薛季昶指着那证物，滔滔不绝，像是在做一场即兴的演讲。

上官婉儿见有证物，不得不示弱，便不做声了，静观事态的发展。但偌大的朝廷，文武百官中居然没有一个人站出来为庞氏说话。她太失望了，想着要是狄大人在就好了，可惜，经过来俊臣诬陷谋反一案后，虽已平反的狄仁杰还是到地方做县令了，现在朝廷又少了一个敢于直言的忠臣，唉！

正在上官婉儿唉声叹气之际，一个颇有气势的中年男人从外面径直走了进来，似乎还未等通报的侍卫说话，他就已经出现在大殿的中央，随之而来的才是侍卫迟到的声音：“侍御史徐有功大人到！”

“徐大人，你怎么来了？”武则天本来是有公务安排给徐有功的，这个时候他不该出现在朝堂上。

“陛下，微臣本来是在积极处理您交办的任务，但微臣听说一个无辜的人就要被杀害，她的家人也将因她而遭受流放的惩罚，甚至会客死他乡。据微臣查访，庞氏没有犯罪，依照大唐律例，不该问罪。”徐有功说得振振有词，脸上青筋暴出，看得出来，他的情绪有些激动。

其实，在来朝堂以前，徐有功也是有过思想斗争的。但最终，他还是选择来到了这里，为了正义和良心的安宁。

上官婉儿暗暗叫好，这个徐有功她倒是见过一次，而且他还在百官的面前和武皇有过多次争论，是个耿直的人。

上官婉儿趁机说道："徐大人言之有理，而且他经过了查访，这比起那所谓的证据来要更可靠。"

武则天神情凝重，看起来让人有些害怕。上官婉儿不希望徐有功因此而获罪，心中忐忑不安。

"武皇，大唐律例还规定，凡是为犯罪之人强词夺理辩护的，也应该与罪犯同罪。徐有功居然为死囚辩护，藐视律法，狂妄之极，微臣认为应定罪为'党援恶逆'，处以斩首。"薛季昶趁机说道。

武则天本来就很不快，被人诅咒是帝王的大忌，这件事情无论是真是假，她都不会姑息。再加上这个徐有功当众质疑她，她更是怒火中烧。薛季昶的话又火上浇油。

"来啊，把徐有功拉了下去，交司刑寺治罪。"

上官婉儿还想求情，又担心这会让武则天更生气，到时候自己也身陷囹圄，怎么救德妃的家人呢？只有生生把到嘴边的话又咽了回去。

上官婉儿感到一种前所未有的紧张，她现在要处理的事情很多，一是要尽快找出韦团儿，并向武皇证明她才是罪魁祸首；二是要尽最大努力帮助徐大人和德妃的娘家人，不能让他们就这么无辜受害。

此时，李旦派人给上官婉儿送来了一个口信，那人只说了三个字：韦团儿。婉儿立刻明白了，赶紧跑到东宫，还未进入主殿，就在宫门口看到了被人五花大绑的韦团儿，她的嘴里还被塞了一块布条。上官婉儿赶紧取下她嘴中的布条，韦团儿才呜呜咽咽地哭道：“上官姐姐，放了我吧，我再也不敢了。”

看来真的是做贼心虚，还未等她发问，韦团儿就不打自招了。上官婉儿要求她去跟武皇说明情况，不然不会放她。韦团儿想横竖都是一死，只得答应了。上官婉儿带着韦团儿来到武皇的面前，说明了事情的原委。武则天真的愤怒了，想她一世英名，居然差点儿毁在一个小宫女的身上，就叫人杀了韦团儿。上官婉儿觉得时机已到，就为徐有功求情：“徐大人是侍御史，他的职责就是向您进谏。您该不希望向您进谏的人也跟今天朝堂上的薛季昶一样吧。那样的大臣您已经有很多了。您需要的是像徐大人这样尽忠职守的人，请您饶徐大人不死。”

这时，得知徐有功被判斩首的几个德高望重的官员都来到了宫里，表示要为徐大人鸣冤，希望武皇能网开一面，放了他。这些官员都是自发来到宫中的，彼此之间也没有利益纠葛，甚至有些官员跟徐有功只有一面之缘，只是敬佩他的气节，才冒着被牵连的风险来请命的。

上官婉儿陪伴武皇的这十多年中，第一次有了热血沸腾的感觉，尽管有困顿挫折，她还是愿意相信这世上有公理存在。

徐有功终于在刀斧手要斩首的时刻，被一道圣旨救了下来。他的死罪改成了流放。婉儿相信，终有一天，徐大人还会回到京都，发挥他本该有的作用。朝廷需要这样的人，老百姓也需要。徐有功被押送法场前的那句话让婉儿永生难忘：我为执法、护法而死，死何足惜！

第五章

爱情中的温柔甜蜜：风花雪月，情意绵绵

君生我未生，我生君已老。君恨我生迟，我恨君生早。
君生我未生，我生君已老。恨不生同时，日日与君好。
我生君未生，君生我已老。我离君天涯，君隔我海角。
我生君未生，君生我已老。化蝶去寻花，夜夜栖芳草。

——君生我未生，我生君已老

第一节

夜半遇刺

漆黑如水的深夜中，婉儿辗转难眠。她已经很久没有失眠了，记得上一次失眠，还是多年以前为李贤的生死担忧之际，她害怕睡着后醒来就再也没有李贤的消息，从此以后，两个人就是阴阳永相隔了。再后来，她便不再失眠了，是潜意识里的自己在说话：即使夜夜无眠，也于事无补啊！但今天，她却怎么也无法安睡，难道是昨日武皇被行刺一事，让她至今惊魂未定吗？还是刺客的那双眼睛让她有似曾相识的感觉，那眼中的自信和哀伤，与李贤是何等的相似！

“抓刺客！”上官婉儿正在书房帮助武皇整理奏折，却听到一声凄厉的叫声划破长空，那是武皇身边的男宠沈南蓼发出的。

婉儿赶紧放下手中的东西，一路小跑到武皇的寝殿，只见沈南蓼仰面躺在地上，胸前的鲜血染红了白色的睡袍，一个黑衣人正挥剑走向面露惊恐的武皇。

赶来的婉儿和侍卫们都不敢轻举妄动，“不要动，你已经被包围了。”上官婉儿厉声喝道。

黑衣人并不惧怕婉儿的恫吓，他根本就不回头看他们，继续朝武则天走去，带着一种视死如归的悲壮。这是一个不怕死的人，可能是武皇的一个仇家。难道是李家人派来的？婉儿心中暗自思量着。

“你为什么想杀我？”武则天尽量保持着平静。她何尝不怕死，尤其是在沈南蓼为自己挡上那一剑时，她才真切地感到了死亡的威胁。

“因为你毁了一个孩子的一生，使他的生活孤独而凄凉，我是为这孩子来讨回公道的。”浑厚的男中音响起，听起来这个男子的年龄不超过三十岁。

这时，男子已经将剑架到了武则天的脖子上，婉儿想这个时候再不出手就晚了，于是让身后的弓箭手待命，无论如何，她也不会让武皇死在自己的面前。武则天是一个好皇帝。

“你们的弓箭手伤不了我。说吧，你有什么遗言？”男子转身挟持了武皇，这也使婉儿看到了他那双似曾相识的眼睛，尽管黑衣人青纱蒙面，但婉儿几乎可以从那双眼睛里看到一个人：李贤！

但李贤分明已经死了，婉儿亲眼见了他那枯萎的身体，鲜血染红的衣襟，因为死亡而惨白的脸庞……

“我没有什么遗言，我的功绩自有世人来评说。你来吧，尽管我还不想死，大周需要我，百姓也需要我。”武皇面不改色地说完这一席话，紧紧闭上了双眼，准备迎接死亡。

上官婉儿大胆上前一步，与那黑衣人靠近了些，行礼道：“英雄，我愿意代武皇一死，请英雄成全。”

“哼，你这马屁拍得也太好了，代人去死的事情都要做吗?”

上官婉儿并不理会这人的侮辱，她只是想确定，这个人到底是谁。

“我的命没那么重要。活着或者死去，于我也没有多大的意义，没有那么多人需要我。”婉儿边回答边向前逼近。

黑衣人察觉到了她的计谋，呵斥道：“不许走近了，不然，你们两个都得死。”

上官婉儿表面上应允，却趁着黑衣人不备，一个箭步上前，推开了武皇，将自己的整个身体挡在了武皇的面前。黑衣人有些惊恐，弓箭手射出了箭，正中他拿剑的右手。只听到黑衣人轻轻“哎哟”了一声，仍强力握着那把剑，迎面挥向上官婉儿。

“啊!”上官婉儿一声惊叫，从对昨日的回忆中回过神来。

那个刺客最终没有伤害上官婉儿，将几乎要碰到婉儿脸颊的宝剑及时收了回去，自己也随即消失在了众人的视野中，如同那些传闻中的武林高手一样，跳窗后便不知所踪了。

婉儿很想找个人说说自己的心事，但在这偌大的皇宫中，她居然没有一个可以说心事的人，从前还有个太平公主，但公主早已经嫁到了宫外。她想去找李旦，但自从皇嗣妃被赐死后，他就变得意志消沉，婉儿不想再拿这些微不足道的事情叨扰他。

起床后慵懒地梳洗打扮一番，她照例来到了武皇的寝宫。御医沈南蓼没有生命危险，此刻正在休养，武皇一个人站在寝宫中，留给婉儿一个寂寥的背影。

不知道从什么时候开始，武则天已经成为一个老妇人。年近七十的她已是满头银发，想到她昨日所受到的惊吓，婉儿心中闪过一丝疼惜的情愫。

“武皇，这里风大，您还是别站在窗前了。”

武则天想到昨日婉儿甘愿为自己而死，心中很感动。这个陪伴了自己多年的女子，果然有胆识。

“我确实是老了，老到连有人要杀我，都没有那么生气了。”

“武皇，相信黑衣人也只是一时糊涂。毕竟，最后他对我手下留情了。也许，他意识到了自己在做一件愚蠢的事情。”上官婉儿提起黑衣人来，只是想弄清楚武皇到底知不知道是谁要杀她。

“倒是个明辨是非的刺客，他要杀的是我，自然不会把你怎么样。如果我抓到他，一定要给他官做，但要先弄清楚他的底细。”

看来武皇也不知道刺客到底是谁。他居然能够轻易出入这皇宫之中，如果不是自己阻拦，可能他就已经得手了。追捕的侍卫追了两天，始终没能抓到他。难道一个大活人就这么人间蒸发了？

婉儿觉得还是有必要去跟李旦提一下这件事，毕竟这是件大事，万一不是李家的人，李旦可能也有危险。

“旦，你在哪里？”婉儿见李旦的宫中空无一人，有些奇怪，人都到哪里去了。

一阵悠扬的琴声吸引了婉儿的注意力，李旦虽爱好声乐，但从未弹过古筝，多是吹箫，这琴声出自谁之手呢？

她循着琴声，走到东宫的偏殿，看到一个年轻男子正在案前抚琴，琴声哀怨，似将千言万语化作了抑扬顿挫的音乐。

“这位就是上官婉儿吧？”男子含笑看着婉儿，并不停止演奏。

“正是。您是？”婉儿好奇地看着他。

“在下是皇嗣的朋友，一介平民，雅好音乐，有幸来宫中陪伴皇嗣。”

这男子给人的感觉很清新，举止谈吐都很不俗，颇有大家风范。他文雅的气质中自有一股力量，不像是一个文弱书生，倒像是习武之人，眉宇间有一股豪气。

“还未问公子大名？”

“在下李逸。”

这名字倒是与眼前这个公子飘逸的形象很符合。婉儿正要继续跟这公子交谈，却见李旦笑着走了进来，整个人与婉儿想象的很不一样。看来，他已经走出了丧妻的阴影。

“婉儿，你来得正好，跟我和李公子一起谈论些老庄学说，如何？李公子早就听说你是个才女，吵着要我介绍给他认识呢。”

上官婉儿并不反感魏晋人士的谈玄说理，那时候天下大乱，玄学源出的老庄学说确实有一股出尘脱俗的味道，她向来很欣赏。于是，三个人就围坐在案前，谈天说地，直到夜幕四沉。婉儿已经很久没有这样畅快地和人聊天了，心中喜不自胜。

第二节

来自民间的宾客

李旦自从成为皇嗣之后，名义上与太子没有区别，但实际上只是太子的候选人，是一个皇位继承人替补的角色。李旦心中也并非没有理想，他甚至在登基为帝的那短暂的几年中，梦想过母亲武则天会去辅佐他，待他羽翼丰满后，让他成为一个真正的王者。

但母亲并没有那么无私，他更多的是充当了母亲的傀儡。其实，李旦明白，这并非母亲一个人的意思，这是母亲背后整个武氏家族的意愿。自古以来，一人荣辱关乎的是满门的浮沉。现如今，贵为天子的母亲并没有立皇储，他还是有机会的。

他心中还残留着这样一点念想，他从未跟任何人提起过，只有一个人，他无法隐瞒，这个人就是上官婉儿。

李旦甚至不知道，自己对上官婉儿究竟是怎样的一种感情。他现在朝不保夕，奢谈感情，只能害人害己。他永远也忘不了两个爱妃的死，以及儿子隆基想念母妃的哭声。

李旦眼前就只有婉儿一人，这是他倾诉衷情的绝佳时机。他该把握还是放弃呢？

“婉儿，我有话对你说。”李旦最终还是准备开口。

“你说吧，旦。”上官婉儿很平静，她从未发觉过李旦对自己的感情。此刻，她的心思完全系在李逸的身上，这个神秘的男人像罂粟一样，让人欲罢不能。李逸甚至从未向上官婉儿示好过，但已打动了她的芳心。

“你觉得我……我的客人李逸怎么样？”李旦觉得自己很懦弱，好不容易鼓起了勇气，话到嘴边却变成了询问婉儿对李逸的印象，可明明他要说的是自己。

“我觉得他很神秘，是一个好人。你怎么认识他的？”

李旦接下来将自己准备了好久的绵绵情话，转变成一场有关自己往事的追忆。他一字一句地跟婉儿讲述他与李逸的友情，以及同样让他困惑的李逸的身世。

原来，李旦是在妹妹太平公主的府中认识李逸的，当时觉得与其很谈得来，就结为了挚友。出入太平府中的文人骚客多是有识之士，想来很可靠，他也没有过多忌讳，就让他随意出入东宫了。为了让李逸方便入宫陪伴，李旦给了他一块可以出入宫廷的腰牌。

李旦不敢在宫中广泛招揽谋士，不然会让武皇底下的人心存恐惧，以为他这个废君想要东山再起。但太平公主不同，即使她与母亲一样有着对权势的追求，却因为是女人而得到了宽容。李旦有时候想，做皇子太辛苦，不如做个公主。

婉儿问了李旦很多问题，想要知道这个李逸从哪里来，家中有什么人。看婉儿不像是替母皇探听消息，倒纯然像是出于对这个男人的兴趣，李旦很庆幸自己没有说出那准备已久的话，因为他知道婉儿并不爱他。

而这个吸引上官婉儿的男人也引起了另一个人的注意，这个人就是武则天。婉儿有一种感觉，李逸看武则天的目光很不寻常，在表面的无谓之下似乎潜藏着一种嘲讽，不，应该说是厌恶。这是两个人第一次见面的时候，上官婉儿的直觉。

其实，武皇之所以想要见李逸，主要是听魏王武承嗣提起了他，他说皇嗣在招揽人才，似乎是有什么异动。

婉儿不喜欢武承嗣这样打小报告，觉得他很不君子，却又无可奈何。她听着武承嗣对李旦言行的浮夸表述，感到皇储斗争已经悄然而至了。

武皇不是荒唐的昏君，她有自己判断是非的标准，不会被武承嗣夸大其词的话牵着鼻子走。但政治上的敏感告诉她，要会会这个李逸。

这样，上官婉儿带着李逸，来到了武则天的身边。李逸在回答武则天问题的时候，表现得不卑不亢。这让婉儿很欣赏，心中的喜欢又在无形中增长了几分。

“你是哪里人?”武则天的问题也是婉儿想问的。

“在下四海为家，早已经谈不上故乡了。”李逸说这话的时候，眼神中有种淡淡的哀伤，但这哀伤旋即又变成了自信满满，“陛下，您不该介怀我的故乡。”

上官婉儿捕捉到了他的眼神，心中似波涛翻滚，不能自已。这种眼神，不就是那个黑衣人才有的吗？她心中的疑惑得到了解答，再想到他弹奏古筝的时候琴声间断，不就是因为手受伤而需强忍疼痛吗?

“你觉得皇嗣具备做一个君主的条件吗?”武则天这话是一种明显的试探，聪明的李逸会知道如何回答的。

“我觉得皇嗣不适合，我们在一起总是吟诗作赋，讨论国家的大好河山，还有江湖中的奇人异事。”

“你对民间生活很熟悉?”武则天眉头紧锁，好奇地打量着眼前这个英俊的青年。他一袭白衣，谈吐合乎规范，是个容易让人喜欢的人。

“在下自小父母双亡，跟着一个镖师闯荡，我就是一个来自民间的人。”

武则天将信将疑，但也不好再多问，又随意聊了两句，就让婉儿送走了李逸。上官婉儿紧张的心总算放松下来了，只要她不说，武皇暂时不会发现的。不会，她一遍又一遍地告诉自己。

“你就是那个人，那个黑衣人。”她要确定他的身份，这样才能很好地保护他。

走在前面的李逸没有否认，转身深情地注视着婉儿，什么也没说。婉儿含泪看着这个高大的男人。李逸早已经确定：婉儿是一个好女人，不会伤害自己。但他不能说，什么也不能说，他的故事会给婉儿带来灭顶之灾。

“你就没有什么想跟我解释的吗?”

“没有，冰雪聪明如你，我想你早晚会知道的。”

“旦知道吗?”

“你是整个皇宫中唯一知道的人。”

“就这样了吗？你没有什么想要告诉我的了?”

李逸对这样你问我答的对话感到有些厌倦。他不想再纠缠，索性跟婉儿告别：“我想我该走了。”

“你要去哪里，难道你还要杀她吗?”上官婉儿想要保护武皇，但又不忍心李逸去送死，他即使真的成功了，也无法活着逃出皇宫。

“我现在改变主意了，我想要辅佐旦，帮助他夺回皇位。”

婉儿只听李旦提起过一次，说想要拿回本属于李家的东西，但只有一次，她以为这是他内心郁结的诳语。看李逸眼神中的坚毅，她明白，李旦果真如武皇所担忧的那样，正在为自己再次夺得皇位做着准备。她在这宫中见惯了尔虞我诈，实在不想身边的人再去冒险。

她希望能够好好地开导他，直到他放弃为止。这一切还没有真正开始，现在阻止还来得及。“你不知道我的心意吗？”她决定用感情软化他。

“上官姑娘，这也是我想说的话。”李逸如火般的眼神让她眩晕。

两个人相视而笑，刚刚凝重的气氛有所缓和。两个年轻人只静静地看着彼此，浓情蜜意都写在了脸上。尽管婉儿不知道，她爱李逸是不是因为他与李贤很相像，虽然她对李逸的底细知之甚少，但她还是爱上了他。

第三节

坠入爱河

接下来的几天，东宫就像一块巨大的磁铁，吸引着上官婉儿前往。她每天都期待着天亮，早早处理完武皇交代的事情后，就直奔李旦的住处。像是约定好的一样，李逸也每日必在李旦处恭候她。多数时候，三个人或是在一起吟诗作对，或是饮酒下棋；少数时候，只有她和李逸两个人，这让婉儿觉得每日都很满足。只有当夜色席卷了整个皇宫的时候，婉儿才惊觉自己已经不可自拔地陷入了对李逸的爱恋中。

本以为历经沧桑的她能够很好地控制对李逸的感情，可这份爱却如排山倒海一般，使她难以自持。她承认自己对他有感觉，但这感觉会深刻到这个地步吗？是不是寂寞得太久了，才会在邂逅爱情的时候，如此地慌张、稚嫩？

李逸的感情则要复杂得多。他身上背负着血海深仇，曾在十七岁时就立下誓言："此仇不报，必当以死谢罪。"而今，他大仇未报，却每日沉浸在儿女私情中，这怎么能算是一个大丈夫呢？

李逸在东宫的这段时间，自问对皇宫中的一切都了如指掌，也深知武李两家的明争暗斗。武三思和武承嗣这些人，牢牢掌握着手中的权力，不断地排除异己，如果武则天死了，势必会想方设法抢夺皇位。他不想杀武则天了，他有更好的办法，尽管迂回曲折。

只有在面对上官婉儿的时候，他的心才是温柔的，上次刺杀武则天，他心中就为这个女子的勇敢而折服。这段日子的朝夕相处，更让他从心底里欣赏她的才情、品德和胸怀。若得此女，死而无憾。

"人约黄昏后"，这样的夜里，适合风花雪月。李逸想爱，索性就不去思虑了，只坦坦荡荡地奔赴一场爱情，连婉儿一个小女子都有这样的勇气，何况他堂堂大丈夫。

但在这宫闱之中，他深知自己一个身份不明的男子是不能给婉儿带来幸福的。这深宫就不是个适合谈情的地方。所以，他们的约会总是偷偷摸摸的，在宫中最不为人知的角落，多数时候是在东宫，在皇嗣李旦的掩护下。

尽管婉儿和李逸早已商议好，不成为彼此的负累，将二人之间的感觉秘而不宣，但李旦还是看穿了两人的关系，他甚至有些嫉妒自己的这位门客了。

“婉儿，我该祝福她。”李旦在心中一遍遍地跟自己说。

李逸总会在东宫的一棵大树下给婉儿讲外面的世界，很多故事是真实发生的，是李逸在自己三十年的人生中经历过或听过的。婉儿像个天真的小姑娘，听李逸讲那些民间故事。原来在外面还有那么多重情重义的好人，尽管也有很多不公的事情。

“你是一个侠客吗?”婉儿会突然冒出各种古怪的问题，让李逸措手不及。这个如精灵一般的女子，总是让他惊喜。

“我是只愿意守护你一个人的侠客。”李逸的情意绵绵让她无法抗拒。

婉儿动情地说出了在心中准备已久的话：“李逸，我羡慕卓文君，愿得一心人，白首不相离。”

“那我只有做司马相如了，但他动过休妻的念头，还不够好。在我心中，婉儿是珍宝，上天入地寻不到，只为伊人魂断桥。”

婉儿本是借用卓文君的诗来表达爱慕之情，却不想李逸的回应更激越决绝，暗含可以为爱而死之心。

这种强烈的爱意刺激着她本就难以自持的心。他宽大的肩膀安全而温暖，婉儿甚至希望能够永远停留于此。他的手在黑暗中摩挲着她乌黑的秀发，她感受着指间传递来的温柔。这是她有生以来从未有过的“耳鬓厮磨”，即使是与她挚爱的李贤，也从未有过。

女人是娇艳的玫瑰花，需要适时浇水和精心呵护，才能够开出最美丽的花朵。多年以来，她更像是一个跟随武则天打天下的男人，冷眼旁观各种角逐斗争，虽想象着有天能够平静地生活，却从未奢望过会遇到爱情。

“你爱我吗?”女人总是习惯在这样的时刻怀疑自己，真是大煞风景。上官婉儿拥有足够的自信，确信自己是个有魅力的女人，但在爱人面前，她感到自己很低，快要低到尘埃里了。她要他一句话，好抬头迎着日光开放花朵。

李逸比起李贤来，更懂女人，懂得如何爱护女人。他不直接回答婉儿的话，只一个浅浅的笑容、一个温柔的爱抚就足以让婉儿感到巨大的幸福，甚至忘记去追究答案。

“你觉得呢？你是我遇到的最特别的女人。”他吻了她，第一次，也是唯一的一次。在此后的岁月中，婉儿靠着对这些甜蜜时光的回忆，支撑着自己好好地生活下去。

她感到他男性的魅力，他喘息的声音让她感动，她流泪了。

她是他遇到的第一个因亲吻而流泪的女人，他有些惊奇，温柔地将她放到秋千上，一下一下摇着秋千。上官婉儿回想起自己总是喜欢在皇宫中荡秋千，手中捧着一本喜爱的诗词，在摇摇晃晃的感觉中，细细品味古典诗词的韵味，遥想先贤们的浪漫不羁。现在，这个秋千后，站立的是给她爱情的那个人。爱情和诗歌，是两种截然不同的东西，带给她的体验却是相似的。

上官婉儿想到了父亲上官庭芝和母亲郑氏。他们青梅竹马的爱情是她自小就羡慕的，她发誓要找一个像父亲那样懂爱的人。本以为李贤是那个“众里寻他千百度”的人，却不想情深缘浅，两人在人生的分岔路口错过了。夜凉如水的孤寂中，她早已对爱情绝望，因为它从未造访过她的春闺。而如今，如云一般的男子李逸叩开了她的心扉。

只可惜，两个人的未来如此地难以把握。就在刚刚甜蜜相拥的时刻，她问了一个最不该问的问题：“李逸，你的家人是不是被武皇的酷吏制度害死的？还是因反对武皇称帝而死的？”

“婉儿，我说过，你最好不要探问我的身世。”

上官婉儿感到莫大的委屈，如果之前李逸守口如瓶是为了自保，那如今完全没有必要隐瞒了，她只会更加小心地保护他。

“你有什么难言之隐吗？”

上官婉儿自从跟了武则天，也有了一股敢想敢干的拼劲，她直率的逼问让李逸感到窘迫，甚至有些生气。

“我不想说。好啦，天色已晚，你该回去了。你的武皇还等着你呢。”李逸最后分别时的话带着嘲讽，上官婉儿给最浪漫的约会写下了不明媚的一笔，她知道，自己太过强人所难。但她看到了太多的生离死别，身边的亲人在她还是婴儿时就离她而去了，母亲因为厌倦宫廷生活，也走了，她不能再承受任何失去了。

第四节

只为伊人魂断桥

彼木生何代，为槎复几年。欲乘银汉曲，先泛玉池边。

拥溜根横岸，沉波影倒悬。无劳问蜀客，此处即高天。

这首《凝碧池侍宴应制得出水槎》倒是很有才气，让人完全想不到，它居然出自武三思之手。上官婉儿听着武三思在凝碧池边宴会上即兴创作这首诗，心中嘀咕着。她对武三思实在是谈不上什么好印象，可能是因为他对武皇太谄媚了，婉儿心中有些反感。

今天的宴会来的多是武家的人，算是武氏一族的一次聚会吧。上官婉儿本来不想参加的，但武皇要求她必须陪同出席，她只得硬着头皮来了。她已经有几日没有见到李逸了，东宫中李逸的住处上了锁，据李旦说李逸到宫外办事去了，要三五日才能回来。但婉儿担心是自己那天的话让他生气了，她实在不该逼他，他既然不愿意说，就应该尊重他。她从不是个强人所难的人，怎么在对待李逸时就完全不像自己了。

“上官大人，上官大人……”

婉儿猛地抬起头，发现武三思已经端着酒杯站在了自己的面前：“我已经叫你好几声了，给你敬杯酒真不容易啊，来吧，我先干为敬。”

她早已能从容地应对这种应酬，便笑道：“梁王请，小女还沉浸在您的诗味中，没能走出来。”

“没想到上官大人也这么会说话。”武三思笑笑，坐回了自己的位置。

武则天将这些都看在眼里，其实她早已经有心将婉儿许配给三思，婉儿跟了她那么久，她自然不会亏待她。三思是她心目中武家最杰出的继承人，如今已是梁王，以后只要她愿意，成为她的继承人也不是没有可能的。

“婉儿，你看三思怎么样？”武则天已经满脸皱纹，但炯炯有神的目光仍然让人敬畏。

上官婉儿如实回答：“梁王很优秀，但有时候太过张扬。”

武则天素来喜欢上官婉儿的诚实，便向坐在她身边的婉儿投来赞许的目光。太平公主倒是快人快语：“母亲，你不会是想让婉儿嫁给三思吧？”

太平公主的话提醒了婉儿，这不是在讨论一个朝臣，武皇说不定真的是要给自己找夫婿。她本能地抗拒，但在这样的场合不能说，何况武三思也在场，便只得推辞道："公主说笑了，梁王是何等俊杰，我不过是罪臣之后，怎么配得上？"

"我说你可以你就可以。"武则天这句话声音不大，但短促有力，击打着上官婉儿的心房。人生得一知己，死而无憾。在一定程度上讲，她觉得武皇可以算是她的知己。她们两个都了解彼此，但又不那么亲近，保持着足够的独立性。这与太平公主和武皇之间的母女情深，有很大的不同。

武三思自然不是凡俗之人，他早已洞悉了姑妈的意思：希望他收了婉儿，即使是个侧室，也没关系。

武三思不讨厌上官婉儿，但要说有爱，也算不上，只是有些欣赏。毕竟，像婉儿这样天下少有的奇女子，哪个男人不为之折服呢？况且，若抱得美人归，也是遂了姑妈的愿，这样对自己的仕途发展也是大有裨益。有上官婉儿在侧精心辅佐，他有什么大事成不了呢？

野心勃勃的武三思看着上官婉儿，已经年近三十的她，明眸皓齿，身材丰腴，正是女人最有风韵的年纪；再加上多年陪伴在武则天身边，见过的世面自是不少的，他在并州老家的女人和她相比，简直有天壤之别。

在筵席中，论姿色，只有太平公主能够和婉儿相提并论。公主方额广颐，体态丰满，恰似雍容华贵的花中之王；而婉儿清丽可人，正如出淤泥而不染的清莲，让人神往。其实，他本来是想追求太平公主的，可惜公主看上了他的兄弟武攸暨，后来他才在武皇的身边发现了婉儿这株清莲，想要占为己有。

“听说上官大人最近跟皇嗣的一个文友走得很近？”武三思这样的提问让婉儿很不快，虽然他特意将她叫出筵席，来到了这寂静的花园。

“梁王似乎把时间浪费在不该操心的事情上了。”

武三思没想到婉儿态度如此强硬，他不过是对来路不明的人比较敏感而已。其实，即使被人横刀夺去，他武三思也有自信能夺回上官婉儿。

“婉儿，我可以这样叫你吧。我知道你不喜欢我，觉得我太过逢迎，但我不过是选择了作为一个臣子最适合的生存方式，我是真心爱戴姑妈的，这点不容怀疑。”

上官婉儿没想到武三思会这样跟自己套近乎，有些不适应，以前他何曾正眼看过自己？

“我想要你，婉儿，我很早就喜欢你了。你能给我一次机会吗？”

武三思追求人的方式和他行事的风格如出一辙：果决、大胆。他是雄鹰一样的男人，并不是所有女人都可以驾驭的，她甚至有些害怕他的目光。

“梁王，您肯定是喝多了。”婉儿说完就要走，却被这个男人拉住了手，动弹不得。

“我武三思想要的女人，没有得不到的。但我会好好追求你，因为你值得。记住我今天的话。”武三思这样生硬的语气让上官婉儿很不舒服，她感到自己像一个在森林中奔跑的猎物，正有猎人用弓箭瞄准自己，蠢蠢欲动。

“武皇也希望我们能够在一起。”武三思还不忘拿出武皇来压她。

他走近了她，松开了手，没有多余的动作，只说了句：“花开堪折直须折，莫待无花空折枝。”

上官婉儿感觉这是在调情。她真的不希望成为这个男人畅想的女人，而且这个男人甚至都算不上是她的朋友。

她更想念李逸了，恨不得此刻扑到他的怀里，向他倾诉几日不见的相思之苦。她发誓不再去追问他的身世，她相信他，甚至愿意跟随他到海角天涯，只因为她此刻对自由有着前所未有的渴望。

婉儿没有等宴会结束，就匆匆离席了，她要去东宫，看李逸回来了没有，她要见他。李旦看到惊慌失措的婉儿，以为发生了什么大事，嘘寒问暖了一番，确定婉儿没有问题后，才告诉了她李逸的下落。

“其实，李逸已经离开东宫了，他说可能明天回来，可能再也不回来了。我现在的心情和你很像，也不知道他去哪里了，只有等待，焦虑地等待。”

上官婉儿便将李逸刺杀武皇的事情告诉了李旦，她希望李旦能守口如瓶，不要做危及李逸的事。李旦起初听了很吃惊，但踱着步子思虑了一番，很快就恍然大悟了。

婉儿惊异于李旦反常的举止，问道：“他是不是跟你说了什么？”

“他只说他曾经因想报复而要杀一个仇人，后来发现有更好的方式，就决定不动手了，希望那个仇人的亲人不要怪他。我当时听了就觉得奇怪，怎么突然跟我讲起心事来了。现在看来，他这话就是说给我听的。所以他帮助我光复大业，也是向母皇复仇！”

李旦的话果然不出上官婉儿所料，他们是在密谋推翻武皇，李旦也是如此。难道李逸离开是为了不让自己为难？还是他发生了什么意外？她再一次体验到了当年为李贤提心吊胆的心情，可她依然什么也做不了。

第五节

公主移情

太平公主在筵席上强颜欢笑，坐在她身旁的武攸暨从始至终都未正眼看她，她和他说话，他只是沉默地点点头，最多是从喉咙深处发出一个“嗯”字。这让一向骄傲的太平有些难过，如果他要惩罚她，他的目的达到了。

四年的婚姻生活，他对她的惩罚难道还不够吗？横亘在他们夫妻二人之间的鸿沟是永远无法填平的，纵使她是堂堂的公主，她的母亲是天下人最敬畏的女皇。他对她的笑和温柔，只是出于一个丈夫的责任，甚至是一种例行公事。他们的几个孩子不过是为了完成传宗接代的使命而生出的，实在称不上是爱情的结晶。

洞房花烛夜，武攸暨并没有出现，以醉酒为名躲到了书房，留下她一个人独守空房到天明。她心中的委屈从没跟人诉说过，是她的天真让她陷入这样的境地，他以为武攸暨会忘记自己的妻子，爱上她，和她开启幸福的生活。但事实上，她只不过得到了一个男人，却从未征服他的心，这也是母皇至高无上的权力所无法征服的。

她有时候真羡慕婉儿，不必为情所困，那样的女人才能够活得潇洒自我。想到刚才席间母皇想撮合婉儿和武三思一事，她根本不赞成，刚才不过是想故意点透婉儿。武三思是一个城府很深的人，相较之下，她倒是更希望婉儿跟旦哥哥在一起。想到少年时代婉儿与几个哥哥们一起，目光总是停留在贤哥哥身上，却从不知道，旦哥哥也在默默地关注着她。这点太平很早就知道了，可如今母皇竟然乱点鸳鸯谱。

“公主，公主，筵席结束了。”身边的小宫女在耳边提醒道。太平公主这才回过神来，母亲因为身体不适早已经提前离席了，而自己冷漠的丈夫根本就没有等她，整个酒宴上只剩下她一个人，几个小太监正在收拾着杯盘狼藉的桌子。

唉，索性今日就不回府了，反正回不回去也不会有人在意。她决定去上官婉儿的住处，找她秉烛夜谈，叙叙旧。

上官婉儿坐在梳妆台前对镜自照，镜中的那个人真的是自己吗？面容憔悴，神情悲戚。眼前这个又老又丑的女人真的是自己吗？真的是为伊消得人憔悴。她此番愁肠百结，为的都是李逸，他竟让自己如此挂心。

太平公主走到婉儿的身后，敏锐地感觉到这个女人的忧伤：“是不是因为武三思？你要是不嫁，母皇也不能怎么样，别太担心了。”

对，还有武三思呢，这个危险的男人想要她。她是断断不会屈服的："怎么能够跟不爱的人生活在一起呢?"

太平公主感到婉儿像是回到了少女时代，这还真不像是一个三十岁的女官说出的话，禁不住笑了。

"说真的，我想要跟武攸暨分开?"

"开什么玩笑，历来都是男人才能休妻的，他不休你，你怎么跟他分开?"

太平公主面露悲戚："那我就去爱别人，我不想因为婚姻的束缚而再对他心存幻想。"

每个人都有自己的劫数。上官婉儿的劫数是李逸，而公主的则是武攸暨。她们的爱情经历真是出奇地一致，初恋都是两情相悦的，却因种种原因而不得善终。这次，她跟李逸也会是以悲剧收场吗？她隐隐有种不祥的预感，却不敢深入去想。

第二天，婉儿早早地起床，准备到武皇寝殿陪伴她上早朝，却在半路上被武三思拦住了去路。他身后还跟着一个面若桃花的书生，看起来很年轻。

"梁王，您有什么事吗?"

"婉儿，我是来找你商议一件大事的。"武三思表情严肃。

上官婉儿从未觉得自己跟武三思有什么公务可谈，但见他如此严肃，只得点点头，准备听他说。

"我发觉皇嗣最近有越轨行为，你还是跟他划清界限的好。"

婉儿没想到听到的居然是这等话，心中不悦，她和谁交好，与他武三思何干？

“我自有主张，武大人多虑了。”

她冰冷的回应让武三思感到难堪，一旁的书生开口了：“上官大人果真与众不同，是一个值得交的人。”

这少年面庞清秀、器宇轩昂，怎么也如此会溜须拍马？上官婉儿心想，肯定是跟武三思学的。这个武三思成天研究怎么拍武皇的马屁，如今连得意门生都会了。

“何以见得？”婉儿故意诘难道。

“您与皇嗣情深意重，武大人贵为梁王，他的话定是有真凭实据的，但您听后不但不反感，反倒镇定自若、立场坚定……这样不惧生死而重情义的人，当然值得交往……”

这少年滔滔不绝，优雅的谈吐让上官婉儿对他有种天然的好感，不同于对武三思的厌恶：“你叫什么名字？”

“在下吏部员外郎崔湜，拜见上官大人。”

原来他是新晋的进士啊。这个崔湜家也是书香世家，兄弟几个都文采斐然，在长安城小有名气。素来敬重有才之人的上官婉儿客客气气地与对方寒暄了几句，就匆忙奔赴武皇的寝宫了。

这个让婉儿颇有好感的少年郎，也让太平公主春心荡漾、魂牵梦萦，只是身为人妇的她一直压抑着心中的爱。她是在武家兄弟的聚会上认识崔湜的，见他温文尔雅，心中喜欢，加上她也多在府上宴请些饱学之人，崔湜自然而然成为她府中的常客。

本朝因为有女皇登基，对女人的限制已经比以往少了很多，但太平贵为公主，又怎么能够红杏出墙、移情他人呢?

“婉儿，我该怎么办?”太平最近总是喜欢将自己的情感问题和盘托出，像寻找救命稻草一样寄希望于上官婉儿。

上官婉儿固然对崔湜印象极好，但也不能怂恿公主背叛家庭，这样实在有违人伦。但见公主茶饭不思，她又怎么忍心用狭隘的道德枷锁去束缚她呢?若是她遇到这样的情况，定会坦坦荡荡地爱一场，只要李逸回到她身边，她甘愿抛下一切，只为良人谋。

“有时候，道德、律法和感情是冲突的，这种冲突让有着七情六欲的我们该何去何从?我只愿天下有情人终成眷属，公主，决定权还是在你自己手里。”

太平公主怀着挚友的祝福，决意好好地爱一场，即便身败名裂也在所不惜。她是武则天的女儿，自有其母巾帼不让须眉的勇敢。只是此刻，她还不确定崔湜的心思，不知道这个美少年是否心有所属，她不能再犯错，重蹈与武攸暨悲剧婚姻的覆辙。

此刻，崔湜也在为伊人辗转反侧，他矛盾而又痛苦，眉头紧锁。他本来发誓要效忠梁王的，却不小心爱上了上官婉儿，成为梁王的情敌。他虽只在心中暗暗喜欢，但仍然有着极大的负罪感。而对于太平公主的欣赏和喜欢，他只能装聋作哑。

第六节

惊天身世

李逸回来了，回来了。这声音一遍一遍地在她耳边重复，婉儿感到幸福来得这样突然，她怀疑这一切不过是一场梦，但眼前的场景却又是如此真实。李逸就站在那，他们上次见面的那棵树下，笑容温暖。

婉儿压抑着心中感情的激流，尽量平静地面对他，却还是忍不住流泪了："这些天，你去哪里了，去哪里了？"

李逸感受到了眼前这个大女人温存的一面，她尽管语气哀怨，却分明是因思念的煎熬而疲惫怯懦了，她害怕失去他，正如他这几日在宫外奔走活动时一样，也同样害怕失去她。只是，他肩负的更多，他决定赌一把，将婉儿拉到他的阵营，这样才能够永远和她在一起。

终于，他开口了："婉儿，我要告诉你所有的事情，对你毫无隐瞒。"

上官婉儿的好奇心显然已经被思念消磨殆尽，她将纤纤玉指放到他的唇边，轻声说道："我可以不知道的，为了你，我可以永远都不知道的。"

"不，我要告诉你，我希望我们能够达成共识。"

这句话似曾听过，是在她对某事提出政见后，武皇一句别有深意的赞赏："婉儿，我欣赏你，信任你，一些事情的底线，希望我们能够达成共识。"

直觉告诉她，武皇知道了什么，而且显然跟李逸有关。她感到自己正面对着一个让人万劫不复的秘密，这个秘密马上就要由自己深爱的男人揭晓。

"我也是皇子，是太宗兄长李建成的孙子，与旦他们也算是堂兄弟。"

上官婉儿不希望这是真的，她马上否定道："不可能，当年玄武门之变，太子李建成死后，他的儿子也被太宗处决了。你怎么会是他的儿子？"

李逸唇边有一缕似笑非笑的讽刺："我是一个私生子，我的母亲是一个宫婢，我本不该来到这个世界上，出生后就被偷偷送出了宫。"

接下来，李逸给婉儿讲了一个冗长的故事，故事的主题是一个皇家私生子如何艰辛地成长，如今文武双全，要抢回本该属于自己的皇位。首先，他要铲除的障碍就是异姓皇帝——武则天。但结果却变成了对李旦的利用，而他从未想过要李旦做皇帝。

自己爱上的竟是这样一个复仇心切的人，上官婉儿感到心痛。她甚至在潜意识中感到恐惧，这样一个深不可测的人，还是她认识的李逸吗?

“你，你还爱我吗?”上官婉儿浑身发抖，感到彻骨的寒冷。

“我当然爱，我为了你可以去死，但这要在我夺回本该属于我的东西之后。婉儿，你是唯一能够帮我的人，因为你忠诚、善良、聪慧。”

上官婉儿看着眼前的这个男人，几日不见，他依然是那么潇洒、英俊，但她不想介入皇权争夺战之中，她想在自己能够选择的时候说“不”。

李逸看到了婉儿眼中的迟疑不决，他知道，这个女子不是为权力而生的。他本不想让她介入，但他的人扬言要先杀死婉儿，再除掉武皇。可如今婉儿让他分了心，让他放下了心中复仇的剑，他为了保她，只有让她加入。

等待他的是婉儿的拒绝，她沉默着摇头。

“难道你就不想跟我一起完成祖父未竟的事业？我想让你好好陪伴着我。你不需要做什么，只要不阻碍我们成事即可。”

婉儿终于明白武皇的意思了。武皇早已经知道李逸的身份了，不过是在等待一个时机，她甚至都不忙着要铲除这个觊觎皇位的男人。以婉儿对武皇的了解，想必她已经部署周密了吧。

“你快逃吧，你现在在这里很危险。我想，武皇已经知道了。你走吧。我就当什么也没发生过。”

上官婉儿说着这话，用尽全身力气，推着这个男人伟岸的身躯，感觉这样就能让他远离危险。不管他是如何野心勃勃，她都是爱他的，而且难以自持地想要拥有他。

“恐怕他是走不了了。”李旦悄然出现了，正用受伤的眼神看着李逸，“李逸啊李逸，我们也算是血亲，你这样利用我，于心何忍啊？”

李逸仰天大笑，完全不在意李旦的指责。他祖父不也是被自己的兄弟害死的吗？李世民不也是为了得到权力，残忍地杀死了亲生兄弟吗？在权力面前，血脉和感情总是变得这样脆弱不堪。

李旦被他狂放轻慢的举止激怒了，脖子上青筋暴出。文弱的李旦愤怒的样子让婉儿恐惧，她不愿意让这两个人中的任何一个受伤。

“你们能不能别再彼此伤害了，我在宫中多年，已经见够了这样的场面。旦，你从来不是这样的人。”

李旦心疼地看着婉儿：“我以为你找到了幸福，看来，他是你人生中最大的不幸。你该离开这是非之地，到母皇那里去。”

上官婉儿自然是不肯走的，她要看着李逸安全地离开。

“既然大家都知道了，婉儿，你跟我走吧。”李逸拉着婉儿的手，就要离开，李旦拦着不准，两个人就这样拉拉扯扯，纠缠着谁也不肯让步。婉儿终于听到了最想听的那句话，但现在却完全不是原来的滋味了，她不愿做一个背信弃义之人，她答应过武皇要辅佐她，现在怎么能联合另外一个人去反对她呢？

“只要你答应我放弃复仇，我就跟你走。”婉儿下了最后通牒。

“都给我停下来！”就在这时，武三思带着几十个侍卫包围了这个地方，他是奉武皇的旨意来的。看来那天的提醒不过是武三思的试探，他早已掌握了李逸的情况。

“杀了李逸！”武三思一声令下，侍卫们就跟李逸厮打起来，李旦趁机将上官婉儿拉回到自己身边，静观事态的发展。

婉儿见武三思带来的都是大内高手，知道李逸肯定不是对手，而且远处的房子上还埋伏着弓箭手。她希望李逸赶紧逃，不要恋战，但李逸誓要带走婉儿，大有鱼死网破之意。

“我不会跟你走的，你这逆贼，还不快束手就擒。”上官婉儿故意大声说道，目的是让李逸赶紧离开。

李逸明白婉儿的意思，但心中实在不忍，此一别，恐怕即为天涯，再也无法相见了。

婉儿不怕永不相见，怕的是阴阳相隔。她已经经历过一次了，无法再承受同样的悲痛，她不希望李逸成为第二个李贤。

“你走吧，我永远不要见到你。”上官婉儿用冷冰冰的话继续刺激他，只希望他明白这话中的深意。

“婉儿，你话太多了。”武三思向来狡猾，不许婉儿再跟李逸说话，“你早该明白，谁才是真正适合你的人。”

就在李逸与众侍卫厮打之际，迅疾的弓箭射向了他，上官婉儿如一只轻盈的燕子，飞奔过去挡住了那一箭。李逸见婉儿受伤，心中更是难过，抱住婉儿痛苦地哽咽，一个侍卫趁机偷袭了他，血红的剑穿透了他的胸膛，上官婉儿实实在在感觉到了他胸口溢出的热血，那样的温暖而残酷。

第六章

重用后的赤胆忠心：称量天下，巾帼女杰

初，婉儿在孕时，其母梦人遗己大秤，占者曰：“当生贵子，而秉国权衡。”既生女，闻者嗤其无效，及婉儿专秉内政，果如占者之言。

——旧唐书

第一节

参决百官表奏

公元 696 年，武皇封禅神岳（嵩山），并因洛阳新明堂建成而更改了年号，改元万岁通天。她在位已经有七年了，频繁地改变年号，这让上官婉儿很好奇。她以前从来不过问这样的琐事，而如今她被武皇授予了参决百官表奏的正式职权，倒更没有闲暇的时间去任凭好奇心驰骋了。她喜欢自己这样忙碌的状态，忙碌是忘却伤痛最好的方式。

回想自己这一路走来，十几年的时间，她已经在武则天的训练下成为一个堪当大任的政界人士。她已是武则天政治力量中举足轻重的一员了，甚至连武三思对她的态度也有所改变，尽管一如既往地殷勤，却多了几分敬重。

这日，上官婉儿将案台上的奏折看了一封又一封，并在一旁用笔标注了自己的见解，等明日一早武皇看到这些奏折，再作出定夺。其实，武皇下放给婉儿很多权力，除了重大事件外，其他的事项她都相信上官婉儿的能力，交由她去处理。

被这样一个位高权重的人物如此信任，婉儿在心中告诉自己，一定要好好回报武皇的器重。为人臣子，唯有一片赤胆忠心，为国事尽心尽力，才不枉武皇的一番栽培。

李昭德大人被召回京城一事，武皇似乎还在犹豫，上官婉儿希望能够促成这件事情。李昭德也算是个耿直的人，这种人是朝廷需要的人才。当年身为宰相的他，与酷吏来俊臣和侯思止多番周旋，力保朝内的大臣，并多次向武后参奏来俊臣等人贪赃枉法、残害忠良的罪行。尽管来俊臣此刻仍逍遥法外，但除掉酷吏侯思止的行为，还是赢得了朝野上下一片喝彩。

正在她思虑万千之际，武三思迈着轻快的步伐走了进来。这样的夜晚，他来这里干什么？

“梁王，有事？”婉儿用一贯冷淡的态度敷衍他。

武三思已经习惯了眼前这个冷美人的态度，也不发作，只笑道：“我来看望姑妈，没想到她早早就寝了，所以顺道来问候你。”

“我可没有武皇的身份，婉儿不过是一个卑微的女官，武大人不必挂念。”

武三思想到自己多年来一直殷勤周到，却屡屡遭受上官婉儿的白眼，心中很是不快，忍不住发作道：“我武三思想要什么样的女人得不到？上官婉儿，你是不是太狂妄了？”

他的反应正中上官婉儿的下怀，她索性说道：“那你去找那些女人吧。我本就无意和你周旋，我心中永远有那个人的位置，你永远取代不了。”

武三思明白上官婉儿是在说李逸，她至今还忘不了他，还恨自己除掉了他。

两个人就这样不欢而散了。武三思气呼呼地回了府，正遇上弟弟武承嗣满面桃花，便问道：“承嗣，何事这么高兴？”

“当然是好事，大哥有所不知，我新得了一个宠婢，叫窈娘，美丽大方，能歌善舞。”

武承嗣一向亲近女色，任何美女只要他喜欢，定能手到擒来。武三思想到自己却迟迟不能得到上官婉儿的心，情绪更加低落。

武承嗣心领神会，调笑道：“大哥何必为区区一个上官婉儿如此呢，天下何种绝色女子没有？只要我武家兄弟想要。”

武三思也笑自己太过愚蠢，尽管他对上官婉儿的喜欢并不纯粹，多出于政治上谋利的考量，但若她总是这样让他难堪，他又何必自取其辱呢？只是，内心有一个声音总是在说：“你爱她，你要她。”他为这样的自己感到羞耻，这还是那个雄才大略的梁王吗？

为了转移自己的注意力，他便跟弟弟打探风月之事，而这些都是他从都不屑一顾的话题。

几日后，武承嗣状告乔知之散播武皇谣言、诽谤朝臣，并要求严惩不贷。这封出自武承嗣之手的奏折，吸引了上官婉儿的注意。她从陈子昂处听说过这个乔知之，二人友情甚笃，常有诗歌唱酬之作，上官婉儿还有幸读过这个人的诗歌，极为欣赏。武承嗣上奏说他有罪，但这奏折中的罪名看起来很空泛，更像是随意罗织的罪项。这其中必有隐情，这是上官婉儿的直觉。

她用笔写下了自己的顾虑，批注在奏折的一旁，望武皇能明察秋毫。她决定私下里去打听这个乔知之的事情，这样随意罗织罪行的情况早该杜绝了。

石家金谷重新声，明珠十斛买娉婷。

此日可怜君自许，此时可喜得人情。

君家闺阁不曾关，常将歌舞借人看。

意气雄豪非分理，骄矜势力横相干。

辞君去君终不忍，徒劳掩袂伤铅粉。

百年离别在高楼，一代红颜为君尽。

上官婉儿反复诵读着这首情真意切的诗，诗人借绿珠的故事讽今，表达了与爱人被迫分别的愤懑和痛苦，句句啼血带泪。不愧是乔知之啊，她感叹着，只有至情之人才能写出这样的诗篇啊。

她仿佛从绿珠的故事中看到了自己。与李逸作生死别的她，如今还好好地生活着，因为她的人生尚有一丝希望。而乔知之，定是没有了希望，才会借古人佳偶的生离死别来抒写自我。君子本不该夺人所爱，这个武承嗣与强盗土匪有何异啊？

乔知之和自己的爱人窈娘相爱却不得相守，更痛苦的是，窈娘竟如一件可随意掠夺的物品一般被武承嗣霸占，心中的屈辱和痛苦可想而知。看到爱人乔知之的诗篇，窈娘只有以死明志，求得解脱。

此时此刻，武承嗣怨气冲天，想报复乔知之，早已将他投入了大牢，给武皇的表奏只是陈明事件的原委，而他罗织的罪名足以害死乔知之。

婉儿拿着《绿珠篇》，想跟武皇陈明原委，为乔知之求情，却因为武皇身体不适，未能得见。

事关性命，上官婉儿不能再等待下去了，她要去牢狱中看望乔知之，要逼武承嗣放了他。

阴暗潮湿的刑部大牢是上官婉儿遥远的童年记忆，她其实并不记得自己刚出生不久的事，只是小时候常常听母亲提起，自己的祖父和父亲都在这样的牢狱中受尽折磨，后被斩首示众。而现在，被关在这样牢房的是乔知之，一个绝望的有情人，无意苟活。

二人有过一面之缘，乔知之居然还记得上官婉儿，向她表达了自己的感激。他明白，现在的自己是人人都避而远之的，这个上官婉儿能够屈尊来此，果然是名不虚传的奇女子。

她希望他能够坚持下去，她会拖延时间，保他不死。但乔知之早已看透了生死："红颜已为君尽，君唯有以死相陪。"

上官婉儿没有办法，只得找到武承嗣，要他放了乔知之，谁料武承嗣讽刺道："我为什么要听你的？他有罪，理当被抓。圣上要放他都要先经过律例。"

上官婉儿哑口无言，愤愤道："你逼死民女，还口出狂言，你虽是武皇的侄子，也不能兴风作浪至此？"

正值二人吵得面红耳赤之际，狱卒报告说："乔知之已经咬舌自尽了。"

第二节

铲除酷吏，化解危机

酷吏兴风作浪的时代尚未终结，这是上官婉儿从乔知之的死中得到的教训。武承嗣这次的行为与酷吏来俊臣无异。想到那个来俊臣，上官婉儿就觉得义愤填膺，恨不得马上将这酷吏除掉，免得他再去残害忠良。

来俊臣在周兴死后站稳了脚跟，成了武皇身边最得力的人，朝中屡次有大臣上书弹劾他，武皇却总是睁一只眼闭一只眼，有意放过他。上官婉儿也多次在武皇身边痛斥来俊臣祸国殃民，武皇却面露不悦，说："有他在，才能保证别人不敢反我，才能压制别人的野心。"

来俊臣已经将朝中与他为敌的人铲除殆尽了，此刻正琢磨着如何炮制案件出来，一来显示自己的忠心，二来也成全了自己的野心。他和自己手下的一众打手，早已将那些忠臣治得服服帖帖。他在自己编著的《罗织经》中讲了各种离奇的刑罚，让人不寒而栗。他甚至在心中筹划着要将武家的诸王和太平公主、李旦、李显都一网打尽。

一日，来俊臣正在宴请自己妻子王氏的族人，热闹非凡。他的手下卫遂忠不请自来，说是要找他喝酒。平日里两个人关系很好，来俊臣也很欣赏卫遂忠，但妻子的家族是名门望族，卫遂忠身份低微，进来会有损他的脸面。于是，来俊臣告诉管家将卫遂忠拒之门外。

谁知卫遂忠怒火中烧，径自闯了进来，见到来俊臣的妻子王氏就破口大骂。王氏本是名门望族出身，从没受过这样的屈辱，并且是学着自己的众多族人，顿时痛哭流涕。来俊臣为了帮妻子讨回公道，痛打卫遂忠一顿后放了他。王氏心中还是难以释怀，过了几日就自杀身亡了。

王氏之死让卫遂忠有些害怕，他担心有一天来俊臣会报复自己，那时候他可就吃不了兜着走了。于是，他决定投入武家的阵营，投奔魏王武承嗣。而他表达自己忠心投靠的筹码，就是告诉武承嗣来俊臣要诬陷他串通太平公主等人谋反。

上官婉儿、太平公主、李旦都因卫遂忠提供的这个消息而深感恐惧："这个来俊臣实在是太可怕了，居然连武皇至亲的人都要陷害。"婉儿心中焦虑，来回踱着步子。

"我们就联名上书给母皇，说他谋反，想要做皇帝，母皇肯定会信任我们，而不是区区一个弄臣。”太平公主很有把握地说。

“说得有理。”武三思和武承嗣异口同声地回应道。

上官婉儿因为上次乔知之的事情对武承嗣还心存芥蒂，但想到大家此刻共同的目标是铲除酷吏来俊臣，也不去计较个人的恩怨了，便提议道：“既然大家都同意，我负责去劝说武皇，你们拟奏折，联名上书。这是当前最好的办法了。”

李旦忧心忡忡，他不能确定母亲是否一如既往地信任他，他和太平不同，太平自幼与母亲亲近，而经历过那么多事，他感到自己与母亲的距离已越来越远，但事到如今，也只能这样做了。

于是，武则天就收到了以武承嗣为首的上书：控告来俊臣谋反，大逆不道。武则天还在上面看到了女儿太平，儿子李旦、李显，甚至侄儿武三思等人的签名。她从未见他们这样团结过，心中倒是一震。这个来俊臣固然有些过分，有铲除异己的嫌疑，但他对自己的忠诚，武则天从未怀疑过。按照律例，还是得审理来俊臣谋反的案子。

婉儿见状说道：“武皇，这个来俊臣早就该死，他甚至自比十六国时期的后汉皇帝石崇，他想做皇帝的野心昭然若揭。您该问他的罪。”

“我明白。还是先审理后再做定夺吧。”

上官婉儿见武则天有心偏袒，便将这件事告诉了太平公主和武三思。太平公主有些难以置信：“母皇居然想保这个要害我的人，我要去跟她说。”

武三思劝阻道："公主，这样直接去说，恐怕会适得其反。游说的事情交给婉儿吧。我们去联合其他人，只要能在姑妈面前说上话的就行。我就不信，告不倒区区一个来俊臣。"

婉儿表示赞同。于是，三个人分头行动，决意要除掉这个来俊臣。

而那个投靠武承嗣的卫遂忠为了除掉来俊臣，也是拿出了看家本领，将来俊臣的罪名纷纷抖出来，什么欺男霸女、陷害忠良，数不胜数。这些罪名足以至死，但因为有武皇的偏袒，刑部迟迟不能判决。

上官婉儿只得深夜拜访宰相吉顼，痛陈来俊臣想要置李姓皇子于死地的事实，希望吉顼能够向武皇奏请依法处决来俊臣。上官婉儿之所以找到吉顼，是因为他对李氏皇族向来维护，敢言又富有谋略。他曾经和来俊臣一起共事，对此人的作为有诸多不满。更重要的是，武皇一向喜欢这个吉顼，加上他跟来俊臣曾经是同僚，他的话肯定会坚定武皇摇摆的心。

吉顼一想到皇嗣李旦和庐陵王李显作为李氏仅存的苗裔，因为来俊臣的诬陷而险些陷于险境，就义愤填膺，对上官婉儿说："上官大人放心，本相定会为李氏皇族鞠躬尽瘁的，这件事情就交给我吧。"

第二天，武则天就收到了吉顼的奏折，里面这样写道："来俊臣集结为非作歹之徒，诬赖好人，贪赃受贿所得财物堆积如山，被其冤死之鬼魂满路，如此国贼，有何可惜！"

武则天一向钦佩吉顼，觉得此人有谋略和胆识，而且从不徇私偏袒，对来俊臣也很了解，加之来俊臣确实有骄纵并伤害无辜的罪行，论律理应处斩，便叫婉儿拟诏，定罪来俊臣。上官婉儿喜形于色，拿出纸笔，须臾而成。武则天笑道："婉儿，好了，我明白你的心，快叫人去宣旨吧！"

诏书定罪来俊臣谋反，问斩于西市。当日人山人海，老百姓纷纷奔走相告，四十七岁的来俊臣身首异处。

一场让人恐惧的危机就这样化解了，多方的努力让李、武两家都幸免于难，并最终将幕后黑手绳之以法。大周朝让人闻风丧胆的酷吏制度就此终结。上官婉儿终于实现了自己多年的夙愿，除掉了酷吏。想到这次斗争中李、武两家的团结，她颇为感慨："如果你们在大事上都这样团结互助，那武皇又何必忧愁呢？"

武三思笑道："婉儿啊婉儿，亏你还在御前多年，深谙朝堂之事，居然会有这样天真的梦想。纵使我一个人答应，李家的人也不会答应的。"

婉儿总觉得这是武三思自己的想法，起码太平公主就是他们武家的媳妇，对于李、武两家的团结能起到很大的作用。至于李显和李旦，婉儿认为，他们希望恢复李姓王朝无可厚非，而且他们显然没有武三思料想的那样残忍。

"你不相信我的话？"武三思看穿了婉儿的心思。

上官婉儿不说话，只静静地看着眼前这个男人，感到一种异样的情感涌上心头。她恐惧的事情难道真的就要发生了吗？

第三节

寂寞如雪，为爱而狂

上官婉儿不相信自己对武三思的感情会发生变化，她一直以来都是讨厌他的呀，怎么会突然觉得他的面孔看起来不那么惹人生厌了，反倒多了几分亲切。她不能容忍自己对武三思有任何情感的变化。

错觉，这一定是错觉。幸好，武三思没有察觉到她眼神中的异样，这叫她舒了一口气。他是个危险的男人，她向来不认为自己该跟他有任何瓜葛。看着镜中自己有些成熟的脸庞，她感叹：这不是一个三十多岁的女人该有的样子，寂寞以皱纹的形式悄然浮现在她的眼角。

对，寂寞，她想：自己一定是太过寂寞了。

女人的寂寞是可怕的利器，平时它总是潜藏于身体的某处，不动声色，但因为某个契机，它就突然出现了，令人猝不及防。

这一点上，她感到自己和武则天是何等的相似。最近，武皇总是让婉儿陪伴在侧，可能是年老需要人陪伴了吧。有一次晚膳，武皇居然让所有的太监和宫女都围坐着自己，而她被命令坐在武皇的身边。每个人都战战兢兢的，宫人们可从来没有和天子平起平坐的机会。

只有上官婉儿明白，武则天是太寂寞了，寂寞如雪，冷暖自知。

太平公主作为武皇唯一的女儿，最近也没有来看望母亲。同为女人的她，同样沉湎在寂寞中无法自拔。她周旋于情人和丈夫之间，痛苦异常。而崔湜对她的若即若离更叫她痛苦。

经过太平公主的连续示好，崔湜开始接受她的邀请，一次次来府中赴宴。他们讨论诗词曲赋，甚至谈论朝政大事。在多年的婚姻生活中备受冷遇的太平，终于有了一种做回女人的感觉。她沉浸在这份得之不易的幸福中，如履薄冰。她和崔湜的关系，丈夫武攸暨全都看在眼里，但他已经冷漠到毫不在意的地步了，太平有种受伤的感觉。但更让她痛苦的是，崔湜总会突然消失，闭门不见。

她变得有些喜怒无常，有时候甚至恨自己的身份，若只是个平平常常的女子，她也许倒能够获得幸福。

此刻的崔湜将自己关在卧房中，心事重重，他一整天都没有出府。他害怕见到太平公主，因为卑下的情欲和对权势的追求，他接受了她，他恨自己的软弱和对感情的欺骗。

“可是，太平是大唐公主啊！”武三思的话又一次在他的脑海中浮现。

确实，他曾经因为情感的困惑而向武三思倾诉。武三思清楚崔湜对婉儿的感情，便劝说他接受太平公主，这样就可彻底扫除崔湜对自己感情的威胁。同时，美艳而骄傲的太平公主，一向用高高在上的眼睛看世界。所以崔湜应该会接受她，而不是伤害她高傲的自尊心，这也算是对姑妈武则天有了交代。

崔湜认识上官婉儿这么长时间，从来只是偷偷地关注着她，活在武三思的阴影中。

他在房间中来回踱着步子，无计可施。他想去找上官婉儿，这个念头在他的头脑中闪现过无数次，但每次念头闪过后迎来的都是内心更理性的声音：不能去。

他其实幻想过，也许自己只需要迈出一步，即使得到的是否定的答案，内心也会因此得到安宁，而不是像现在这样，一边想着婉儿，一边却和公主谈情说爱。

“云日能催晓，风光不惜年。赖逢征客尽，归在落花前。”他在心中默默吟诵着自己当年初入长安时所作的诗句。想当年，自己是多么意气风发，如今却陷入小情小爱中无法自拔。他要立刻做一个了断。

上官婉儿走在宫中的甬道上，微眯着眼睛感受着春天的气息，宫廷里飘散着散不去的花香，她因寂寞而躁动的心变得缓和了。

“上官大人好兴致！”听到崔湜的声音，上官婉儿有些惊讶，这个人已经好久没出现在她的面前了。

她当然不知道，崔湜一直在默默地压抑着自己的感情，所以他强迫自己不要见她。

他的笑容依旧让人感到温暖，婉儿完全信任他，跟着他来到了一个僻静的去处。

“上官大人，我心中钦慕你已久。我知道这是自己一厢情愿，但我希望能告诉你，这样我的心也许能够平复。”

本已经平静的心又似一池被搅乱的春水，上官婉儿感到很忐忑，而伴随着这种忐忑的是一种怀疑，他不是已经跟公主在一起了吗？

“你怎么能……那太平怎么办？”

“我知道我对不起公主，我不该在还没有忘记你的时候去接受她。我不是一个君子。既然我已经跟你和盘托出了，我就听天由命了，我会亲自跟太平解释的。”崔湜感到放松了很多，心中一个沉甸甸的包袱就此卸下了。

但这个包袱无疑让上官婉儿背上了，她感到是自己毁掉了太平好不容易得到的幸福，随之而来的懊悔情绪让她备受煎熬。她必须采取行动。

“你既然知道我们之间不可能，也不必急于跟太平说明白。你现在可以全身心投入到和太平的感情中去了。”

“我怎么能够继续欺骗她呢？婉儿，我爱的是你。”

“那我呢？我该怎么办？”太平公主的出现让两个人感到诧异，

这个寂静的地方，公主怎么会找到呢？

还未等崔湜反应过来，一个响亮的巴掌已落到了他的脸上。他知道这是自己应得的，所以欣然接受，只是希望太平公主不要作出伤害婉儿的事情来，便恳求道：“公主，这是我一个人的责任，婉儿毫不知情，请您不要怪她。”

崔湜的这席话更加点燃了太平公主的怒火，她为自己的愚蠢而感到伤心，一切的谜都有了答案了，自己不过是一个替代品而已。

上官婉儿想要解释，可还未等她开口，太平公主就拒绝了：“我们自幼一起长大，如今，你竟然联合他欺骗我。”

“太平，我也是刚刚才知道，我要他跟你在一起的。”

“别叫我的名字，叫我公主。还有，我不需要你的施舍。”

这尴尬的场面是婉儿始料未及的，她多年来见过太多的事情，却在此刻深感自己无能为力。分明是一个局外人的她，倒成为整件事件的导火索，人的感情竟脆弱到这样的地步。

太平公主怒气冲冲地离开了这个伤心地。崔湜无言，落寞地走了，只留下上官婉儿一个人站在那里。她知道，自己的人生注定是不平静的，总会遭遇这样那样的事情打乱生活的节奏。她也不想去解释了，清者自清，相信有一天公主会明白她的。

深受打击的太平公主紧闭府门，几天几夜都没有下床，两只眼睛哭得红肿。武则天听闻，向上官婉儿探问，得知事情原委后，叹气道：“你们还年轻，还有为爱痴狂的勇气，我老了。”

几日后，太平公主似乎变了一个人，府中总是有各种身份不明的男子来访，而这些男子都有一个共同的特点：貌美而年轻。

上官婉儿担心的事情还是发生了。

第四节

危险的敌人

武则天有意让婉儿和太平和解，特意派婉儿到太平的府中送些外邦进贡的贡品。其实，这样的事情本来不该上官婉儿来做的，自有主事的太监负责，而武皇偏偏派她去，上官婉儿自然明白其中的用心。婉儿也好久没见过公主了，听说她最近总是频繁地和不同的男子见面，婉儿必须制止她这样做，她不能因为意气用事而放任自己。

来到太平公主的府中，上官婉儿没见到公主本人，却被一阵悠扬的笛声吸引了。她循声走到府中的花园，只见一个俊美的男子正端坐在花园的长亭中，一只精致的长笛横在他的手中。

“吹得好。”上官婉儿上前一步，毫不吝啬自己的夸奖。但想到这陌生男子可能是公主的情人，便心中不悦，转身辞别对方，准备去找公主。

“你要去哪里啊，上官大人?”太平公主这时候出现了，还是一如既往的美丽，只是脸上多了几分沧桑之感，精神状态不是很好。

“正要去找公主。这个公子是不是该走了?”婉儿不快地说。

“昌宗，还不见过上官大人，以后你们在宫中会常常见面的。她可是母皇最喜欢的人了。”

那男子笑靥如花，炯炯有神的大眼睛不经意地看了上官婉儿一眼，行礼道：“张昌宗见过上官大人，以后还请您多多关照。”

上官婉儿感到困惑，不明白这到底是怎么回事。太平公主道明了原委，原来这个男人是她精挑细选要送给母皇的礼物。其实，这件事情她已经筹划多日，所以最近一直在约见各种俊美而多才的男子，一是为了尽孝道，二是出于政治上的考量。

“你想要监视武皇?”

“我只是希望以后天下还姓李而已。防止武三思那些人趁着母皇年迈，有什么不好的举动。”

太平啊太平，不愧是皇室的公主，做事情果然深谋远虑。原来，她在府中豢养男宠的传言，通通都是假的。

“你为什么不解释?”

太平公主明白上官婉儿的意思：“没必要，我正需要大家这么想，不然武家的人会有所动作。”

“那你丈夫……”上官婉儿觉得自己话多了，说到一半就后悔了。毕竟，她伤害了太平，不该再提及另一个让太平伤心的人。

"他才不会在意我的生活。"上官婉儿感到，太平公主说这话时内心无限地悲凉。

过了几日，上官婉儿就在宫中见到了张昌宗，跟随其后的同样是一个俊俏的美男子。上官婉儿惊为天人，感叹这世界上居然有比女子长得还要漂亮的男人！尤其是张昌宗身后的男子，貌比潘安，皮肤白皙，眉如远黛。更重要的是，他年轻的脸庞上充满着青春的活力。

后来，她才知道，那个人叫张易之，是张昌宗的同胞兄弟。张昌宗在武皇面前为自己的兄弟美言了几句，于是兄弟二人便得以同时侍奉在侧。

武则天的这个小喜好，上官婉儿能够理解，女人在寂寞的时候，总是希望身边有个男人。况且这个女人还是帝王，是已经不再年轻的武则天，她心中的疲惫和沧桑更是可以想象。所以，她需要有年轻的男子陪伴在侧，给她行将就木的生命吹来一股和煦的春风。而且，这多才多艺的两兄弟能做的显然更多。张昌宗擅长音乐，于是夜半无语的宫中总能听到悠扬的乐声；而张易之对中医养生颇有心得，总是给武皇精炼各种益寿延年的补药。这两个人都让她得以重温年轻的美梦。

可是，令上官婉儿没想到的是，一向英明的武皇居然给这两个男宠都封了官。将官位给了这样两个以色事人者，他们尽管多才，但真的有政治上的才能吗？这是上官婉儿深深怀疑的。

婉儿不情愿地走进了武皇的寝宫，张昌宗刚刚带着自己的兄弟张易之进去不过一个时辰，她觉得自己在这个时候出现很不合适，但武皇要她进去，她只好硬着头皮进去了。二张兄弟披散着乌发，一左一右坐在武皇的身边，在灯光的映衬下，张昌宗的脸如莲花般粉嫩，让人垂涎。

正在她恍惚的时候，武则天说道："婉儿，他们好看吗？"

"好看，陛下。"

"那我今天就要给这两个好看的人封官。封张昌宗为云麾将军，行使左千牛中郎将职务，张易之为司卫少卿，另赐给住宅一处，绢帛五百段。你去拟旨吧。"

上官婉儿面露难色，进言道："武皇，您这封官未免有些草率。"

武则天根本没理会上官婉儿，继续让张昌宗弹琴，张易之伴舞。上官婉儿走出宫殿很远，还能听到里面嬉戏的声音。

狄仁杰比上官婉儿还要焦虑，武皇已经连续三天没有上朝了，他询问过主管太监，才得知是因为二张兄弟的缘故。自古红颜祸水，危害社稷，如今女皇当权，竟也有沉迷男色的情况，他感到痛心疾首。

"狄大人，有何要事？"婉儿见到狄仁杰的时候，正从御书房出来，堆积如山的奏折让她焦虑，很多大事她根本无法决断，必须由武皇亲自决定。

狄仁杰深深叹了一口气，上官婉儿会意，说道："武皇从来没有这样过，二张兄弟改变了她。第一次见面就给封了官，没过几天，就又提升官职。"

"区区两个男宠，我就不信能够把社稷毁了。我要见武皇。"

上官婉儿摇摇头："现在我都见不到武皇，别说大人您了。我先想想办法，见到武皇时一定将您的话带给她，好好劝她。"

狄仁杰没有办法，只得先行离宫回府了。他夙兴夜寐，只为百姓能够过上好日子。武皇一直是个勤勉的君主，如今竟然因为两个男宠而置国家和百姓于不顾。他希望这不过是一时的迷失，她能够及时回头。如若不然，该真的提议立太子了。

就这样，朝野上下几乎一夜之间都知道了二张兄弟，知道这两个聪明俊俏的男子俘获了武皇苍老的心。自古君王都有三宫六院，而女皇武则天如今也有了男宠。他们不像当年的薛怀义和沈南蓼，被给予了太多的特权。众人心知肚明。武三思像是嗅到了某种信号，决定要好好打探下这两个人的底细。

就在众人胡乱猜测的时候，连续几日没有露面的武则天终于上早朝了。但令人诧异的是，二张兄弟居然一同前往，这可是王侯将相才有的殊荣啊。

试想，两个寒微的官家子弟，居然一跃而位极人臣，更地位尊贵同王侯，这足以让所有人感到震惊，甚至包括推荐张昌宗入宫的太平公主。她本意不过是想让年老的母亲有个人陪着说说话，却没想到母亲如此喜爱张家两兄弟，赋予了他们那么大的权力。

太平公主起初的计划全部被打乱了，张昌宗刚入宫时还见过她一次，态度还算谦卑。而如今，仗着母皇的宠幸，他已经完全不把她这个公主放在眼里了。他们甚至能够议论朝政，左右母皇对政务的判断。她感到一种危险的信号：她千防万防，竟然忘记，权力能够赋予最单纯的人野心。如今，张昌宗和张易之就因为权力而有了野心。他们是比武家子侄更危险的敌人。

第五节

独领文士，编修类书

武三思因上官婉儿的突然造访顿感受宠若惊。这个像冰一样的女人，一向对他很冷淡，即使偶尔从眉眼间流露出温情，她也会理智地将其遏制住，继续从容而冷淡地对待他。武三思几乎已经习惯了两个人之间的这种关系——说不上生疏，但也远远算不上熟悉。尽管他依然对上官婉儿心存幻想，但因为公事繁忙，倒也减少了几分热情。今日她竟然主动来拜访，还特意拿了礼品，礼数周到，他心中暗淡的光又亮了起来。

两个人在会客厅中分主客就座后，上官婉儿开门见山地说明了来意，表示希望武三思能够站在她这一边。

“我为什么要答应你?”武三思问道。

“因为张昌宗他们没有资格得到现在的一切，他们是狂妄轻浮的人，会毁掉大周的。我知道你对大周的野心。”上官婉儿一语道破武三思的心思。

他并不生气，反而更由衷地喜爱眼前的这个女人。他唇边挂着浅笑，说道：“我也许会听我爱人的话。”

上官婉儿很生气，都到了火烧眉毛的时候，他武三思还有心情调戏她。她佯装不知，说道：“武大人，那赶紧找一位爱人，我再去说服你的爱人。”

武三思摇摇头，缓步走到婉儿的面前，郑重地说：“上官婉儿，我想我真的是爱上你了。你能不能接受我？放眼整个大周朝，只有我，才能够配得上你。”

这样狂妄自负的话，要是平时听到，上官婉儿一定会反唇相讥的，但今天，她却被这样的话感染了，整个人热血沸腾，竟然有冲动想要过去紧紧地拥抱他。她甚至已经踏出了一步，走向了他，但很快，这种激动就被她的理智浇熄了，她为自己的浅薄感到羞愧，而这羞愧让她停止了脚步。

“婉儿，你也爱我，对不对？”武三思在多次后知后觉后，终于从婉儿这次的犹豫中看出了对方的心思。他不再是那个城府极深的政客，那张经年平静的脸上含情脉脉，双手张开着，在等待她进入自己温暖的臂弯。

上官婉儿哭了，这是她多年来第一次哭泣。多数时候，她只是无声地呜咽，扮演着那个出入宫廷的强大女官。而今天，夹杂在哭声中的是她纤细的喃喃自语声：“你为什么要逼我，我明明讨厌你这样的人，但是你却总在逼我，我甚至不知道从什么时候开始难以自控了。我一定是太寂寞了。”

“那你为何不接受崔湜？”

上官婉儿哑口无言。事实上，她对崔湜也曾有过好感，只是这好感很快就被太平公主的友情所取代了。她还没等内心的情感发展到爱情，就扼杀了那份好感。而面对武三思，这种扼杀的行动却变得脆弱无力了。

“我可以等你，只要你答应让我等。”武三思没有过分强求，这是上官婉儿觉得庆幸的。

上官婉儿从武三思处返回皇宫。武三思给的这种未知的甜蜜让她很满足，她的感情生活太过波折，不用投入的幻想于她反而有更大的诱惑力。这一点武则天是不会理解的，因为武则天只想从感情中得到快乐，作为一个当权者，她太需要快乐了。

“为什么大家都不理解我？认为我太过骄纵五郎和六郎？”武则天问上官婉儿，此刻她们的关系更像是朋友，而不是君臣。

上官婉儿本来以为张昌宗他们不敢太放肆，却不想他们竟然仗着武皇的宠信而假传圣旨。尽管这圣旨也是为了讨武皇欢心，命令下边的织造司连夜赶制他们为武皇准备的朝服，但假传圣旨的罪名可不轻，而且有第一次就难保没有第二次啊，可武皇居然不予追究。狄仁杰和一众大臣已经为这件事上奏谏言多次了，要求惩处二张的僭越行为。所有人都苦劝武皇，不要因一时失足而铸成大错。

“他们没有功绩，却凭着您的宠爱而日益骄纵。该管束一番才好，最好是找点事情给他们做。”

“你有什么想法？”武则天知道，婉儿是自己的“智多星”，总能在她困惑的时候为她出谋划策。

“不如就成全您一直以来的愿望，让他们去编一部类书，汇集儒释道三教的教义。”

“可是万一他们搞砸了，更是要贻笑大方了。所以，我任命婉儿你为主编。”

上官婉儿领命，一场编修图书的浩大工程开始了。这是一个光荣的使命，一旦类书编纂成功，不但能丰富大周朝的文化，更能昭示大周朝的强盛国力。婉儿决定将类书的名字暂定为“三教珠英”，言简意赅。当时朝堂中的青年才俊纷纷加入，共有四十七人。其中，李峤和张说最为突出，二人才华横溢、学富五车，是大周朝有名的学士。张易之的府邸成为众人讨论集会的场所，张昌宗也勉强而为之，尽量在编纂图书上出谋划策。尽管二张兄弟面对枯燥的史料和知识有些心生倦意，但众人的编纂热情不可抗拒，他们虽然有苦难言，表面上的功夫却是做足了。

其实，真正忙碌的是上官婉儿，她每天除了要处理武皇交办的政务外，还要抽出时间来整理编校典籍。因为工程浩大，每个人几乎都被分配了基础的编校任务。在沉闷的编纂过程中，大家也会集会赋诗，聊以消遣，或者谈道论理，表达自己对某个学说的看法。思想的交锋和才华的挥洒，让每个人都感到很快乐。上官婉儿已经很久没有以文会友了，她甚至已经忘记了张昌宗、张易之。

就在大家都沉浸在诗文的快乐中时，张昌宗却感到了无生趣，他已经有好几天没见到武皇了，就因为这该死的编纂任务。张易之摇摇头，无奈地看着自己面若桃花的兄弟。两个人可不甘心因为一个上官婉儿就失去如日中天的地位，现在可是他们最得宠的时候。

他们不能这样坐以待毙，要想一个办法，赶紧结束这个该死的工作。

“能不能找个人替咱们来做呢？”张易之建议道。

张昌宗灵机一动：“我倒是想到一个人。”

张昌宗亲自请来了武三思担任他们的助理，这是上官婉儿始料未及的。但碍于武皇有准许二张寻求指点的旨意，她不能拒绝武三思的加入。况且，武三思也算是有才华，定能够为这份大业贡献自己的力量，总好过游手好闲的张氏兄弟。

圣历二年（公元 699 年），《三教珠英》编纂工作初步完成。张易之和张昌宗得到了朝堂上下的一致赞许，朝臣们对他们的诟病也有所缓解。武皇龙颜大悦，重重赏赐了上官婉儿，执意要为她指婚，并许诺朝堂中的王公子弟，任她挑选。

自从李逸死后，上官婉儿就没想过要嫁人，她更喜欢现在这样独立自由的生活方式。如果有一天她累了，想要找个港湾停靠，也不一定偏偏要找个男人不可。她也是如武则天一样独立特别的女性。

武三思听到武皇的这个恩典，感到很开心，趁机说道："姑母，请允许我这样称呼您，因为我此刻是您的一个热恋中的侄儿，想要您成就一段美满的姻缘。请您将婉儿嫁给我。"

上官婉儿感到猝不及防，他不是说好要等待的吗？怎么会突然沉不住气？武三思啊武三思，你终究是一个机会主义者，只要遇到机会，就会放弃自己的承诺。

上官婉儿执意不肯，向武则天表达了自己愿意终身陪伴的心意，并表示武皇如若不答应，她愿意以死谢罪，这才消解掉武则天脸上那一抹成全的笑容，以及那句即将脱口而出的允诺武三思的口谕。

第七章

两派间的立嗣之争：皇室联姻，抵御外敌

武三思，则天兄子。累官右卫将军。则天临朝，擢夏官尚书。及革命，封梁王，寻拜天官尚书。

——全唐诗·诗人小传

第一节

左右为难

自古以来，君王老年政治生活的主要内容基本上都是围绕着立嗣展开的。武皇尽管是千古从未有过的女皇，但也绕不过这样的议题。她苍老的身体和疲惫的精神让臣子们感到担忧，早日确定皇储的人选成为每个人最迫切的心愿。

上官婉儿也不例外。不管是从道义还是感情上来讲，她都是支持李姓的人来继承皇位的。不管是李显还是李旦，她都觉得是合适的人选。而武三思却根本不理解婉儿的决定。

“你难道在姑母建立了大周朝以后，还保守地认为江山是属于李氏的吗？为什么武家的人就不能被立为太子？”武三思眼中放光，这是一个男人对权势的渴求。

上官婉儿想要一个答案：“你想做太子？”

武三思沉默了片刻，然后像是作出一个艰难的决定似的，压低声音说道："我从未跟任何人提起，即使是我的兄弟们。但我今天要告诉我爱的女人，就是你上官婉儿。我想做，而且自问我有能力做好。"

尽管上官婉儿一向不喜权势，却深深钦佩武三思对自己的开诚布公。她为在殿堂之上拒绝他的求婚而感到抱歉："那件事，对不起。"

武三思自然明白。只是上官婉儿从来没在私底下说起过拒绝他的事，今天却突然跟他道歉，难道只是因为自己对她的信任吗？他不相信，如婉儿一般才色双全的女子会如此轻易地妥协。他心中确定：她爱他，但不愿意嫁给他。

是的，上官婉儿已经爱上他了。但她向来公私分明，她不愿意为了个人的小爱而去帮助武三思，甚至不愿意做任何成全他野心的事情。

太平公主也找到了婉儿，希望她能够在母皇面前多多美言，以帮助李旦或李显顺利地复位。婉儿苦笑道："我可不会做有违原则的事情，我只会就事论事。"

太平公主明白婉儿的脾气，回应道："你总不会要武三思做太子的，我相信你。你只管按照自己的原则办事就可。不论是显还是旦，都比他要名正言顺。"

不管是武家还是李家的势力，都把焦点放在了她的身上。上官婉儿在武皇面前的分量，人人都知道，但她不愿作出有悖原则的事情，即使她和显他们自小一起玩耍，她也会说出自己觉得该说的话。武则天信任她，她就要对得起武则天的信任。

“婉儿，我做了一个梦，梦到一只鸟，两只翅膀都折断了。你说这个梦是什么意思啊？”武皇头痛的毛病又犯了，夜夜难以安寝，此刻张易之正在为她调配安神的药。

“我想一只翅膀指的是武家，另一只翅膀指的是李家，而那只鸟就是您。您需要他们，他们都是您的家人。”

武则天心中大悦，婉儿是至今以来唯一一个不为一己私利说话的人。她身边的人，都或多或少为了自己的利益而活，很少有人能真正地超脱个人的得失。即使是她宠信的张昌宗和张易之，与婉儿相比，都相去甚远！

“那你觉得我立武三思为太子怎么样？”

上官婉儿几乎不敢相信自己的耳朵，武皇居然有意将皇位传给武三思。她需要想想，这会不会是武皇对她的测试，这毕竟还没有成为定局，她还是要说出自己要说的话。

“婉儿认为不可。”

“为何？”

“因为武三思虽有能力，但不具备成为一个君主的条件。当今的天下，需要的是一个宽厚博爱的人。”

武则天对上官婉儿的话不置可否，只是用沉默回应。身为一个君王，武则天也有一种无能为力的感觉。她知道自己侄子的野心，也了解儿子的无能，无论将皇位传给谁，似乎都不是一个理想的解决方案。那女儿太平呢？太平自幼深受她的影响，行为处事上也很有智慧，只是太重感情。她心中的天平无法保持平衡了。

男宠张昌宗因为编纂《三教珠英》的功绩，总算是堵住了朝堂上弹劾他们兄弟的悠悠之口，只一心陪伴在武皇身侧，无所不用其极地讨其欢心。可是近日来武则天心情欠佳，他有些担忧，要知道，若是武则天对他没了兴趣，那他的地位就岌岌可危了。

张易之决定直奔主题，站好自己的立场，在立太子的问题上支持武三思。本来这武三思也与他们交厚。

“可是，武三思城府很深，我们何必要对他这么好，只怕以后他真做了皇帝，也是容不下我们的。”张昌宗显然对武三思有所防备，更明白武三思兄弟讨好他们的原因所在。他在这宫中待久了，早已明白权力要真正掌握在自己手中才最安全。

“那我们怎么办？”张易之有时候真佩服自己兄弟的谋略。

“我们先佯装不知，看哪一派实力大，就先假意投靠，待时机成熟后再做打算。”

“那上官婉儿怎么办？”

两兄弟都知道，上官婉儿已经在武皇面前否定了武三思作为皇储的资格。所以，这个时候他们要弄清楚婉儿的目的何在，何以会反对自己喜欢的武三思，会不会是欲擒故纵？在这两个野心勃勃的年轻人眼中，所有人的行为都是有所图谋的，即使是向来公正的婉儿也不例外。

每个人都心怀鬼胎，只有上官婉儿在武则天面前说了她认为该说的话。而张昌宗始终保持缄默，即使武皇问起他对于此事的意见，推心置腹地想要听听他这个枕边人的话，他也是闪烁其词，表示誓死跟随武皇，不管武皇作出什么决定都支持。武则天苍老的心早已难以抵制甜言蜜语的诱惑，她轻易被感动了，感叹着不枉自己对张昌宗的一番宠爱。而一直以来想要得到婉儿的张昌宗，却每每被这个冷美人冷漠待之，他心中怨恨，便故意挑拨她和武三思的关系。

武三思倍感受伤的脸出现在婉儿的面前，他是闻讯赶来质问的吗？上官婉儿看着他，早已了然于胸。

“婉儿，我不明白，你为何要说我不适合做太子，难道当年的显就适合吗？还是李旦适合？”

这样的兴师问罪倒是她始料未及的，尤其是他还提到了李显和李旦，何必要这样折磨她呢？这两个人都是跟她感情甚深的人，与武三思甚至没什么两样。

“我只是就事论事。你想要的太多了，需要约束自己的欲望。你不是武皇，我不敢保证你能很好地管理天下。”

被自己深爱的女子这样评价，武三思很痛苦。他以为爱情就该让人赴汤蹈火、在所不辞，这是一种全天下最浓烈的感情。而婉儿居然还不信任他能够堪当重任，这是对他最大的伤害。

被愤怒攫住的他第一次嘲弄了上官婉儿，说她不过是武皇的一个文学侍从，地位甚至不如一个男宠，却总是口口声声说要为武皇着想，她只是想当然地把自己看得很重。实际上，除了他武三思，谁会真正在乎她？

婉儿沉默地低下了头，她不在乎武三思的羞辱，因为她伤害了他。

武三思说着，一只大手紧紧地抵着婉儿小巧的下巴，深深地吻了她薄如蝉翼的唇，欲罢不能。长久以来的独身生活让她对这样突如其来的吻并不拒绝，开始的时候她还挣扎了两下，随即就沉浸在对这个吻的享受中了。她是爱他的，不然，她不会原谅自己接受他的吻。

“你感受到了吗，我们对彼此的爱？你为何要这么伤害我？”束手无策的武三思在使用最后的伎俩，只希望眼前的女子能够在政治上助他一臂之力，两个相爱的人才是最可靠的联盟。

第二节

立嗣之争，两派的较量

李旦忧心忡忡地听着太平和隆基的对话，一种惆怅的感情涌上心头。不过十几岁的李隆基，就被姑妈太平公主嘱咐着要谨言慎行、事事小心。身为皇子，他自小听过太多为权力而钩心斗角的事情，如今儿子李隆基是在重复他的宿命吗？

“旦，你该有所行动才对，现在立嗣一事各派意见纷纷，大臣中有不少支持你的人。”

“也有很多支持显的人，还有支持武三思兄弟的吧。”

太平公主知道李旦多年来卧薪尝胆，就是在等待这一天的到来，如今却说出这样的丧气话，她不能理解：“你害怕了吗？为什么我感觉不到你话中的斗志。”

“我只是不想重复先祖玄武门之变的宿命。他武三思自然没什么可怕的，我只是不想跟显争夺。我们该同心协力，助显复位，他在房州吃了这么多年的苦，该回来了。”

太平公主点点头，她也同样担心李显。她还以为李旦是害怕斗争，原来是对李显的惦念使他选择了退让。而他更不愿意，兄弟相残的事情再发生在他们的身上。她暗暗佩服李旦的深明大义，为有这样的哥哥而感到自豪。

而武家兄弟坐立难安，想方设法要夺得太子之位。武承嗣近来总是向武则天奏请杀掉狄仁杰，幸好武则天对狄仁杰向来器重有加，拒绝了他的要求。婉儿嗅到了争夺皇位的血腥味，比起武三思，武承嗣才真正让人害怕。

早在天授二年（公元691年），武承嗣就秘密纠结了一群朝中的大臣，如凤阁舍人张嘉福、洛阳人王庆之等，奏请武皇立自己为皇太子。这件大事对于当时的武则天来说，冲击很大。那时候正值她刚刚登基不久，而她的儿子李旦作为废帝被立为皇嗣，实际上仍然是她皇位最大的威胁。而武家的子孙们在武皇的提携下，纷纷封王，武承嗣无疑是其中很得其欢心的一个。而王庆之总是在武皇面前哭泣请求，言辞恳切，很是打动人。但这个王庆之得寸进尺，不时来到武皇面前以死相逼，希望得到立武承嗣为皇太子的诏书。幸而上官婉儿积极求助于当时的凤阁侍郎李昭德，而李昭德大人极力反对，认为武皇理应传位于皇嗣李旦，才合乎纲常伦理，百年之后才会名正言顺地被供奉于宗庙，万万不可将皇位传给侄子武承嗣，因为世上哪里有侄儿将姑母立于宗庙的？这才破坏了武承嗣成为皇太子的计划。

而如今立嗣一事，不但让武三思蠢蠢欲动，又再次煽动了武承嗣心中的欲望，他认为当年未曾实现的宏愿终于又有了实现的机会。李昭德曾在武皇面前谏言，认为武承嗣本是亲王，不适合再担当宰相一职，让他失去了如日中天的权位。今日，让他卷土重来的时机到了。

上官婉儿不止一次在武三思的府中看到武家兄弟背着自己偷偷商议，她明白，他们是在想法设法谋取太子之位。两兄弟已经形成了稳固的联盟，不管是谁坐上太子的宝座，他们都能够确保武家继续永享荣华富贵。他们心中担忧的是，李家卷土重来后疯狂地报复，恰如他们武家曾经对李家所做的那样。当年若不是他们总在武则天面前说李家宗室的坏话，李家又怎么会到如今子孙凋零的地步呢？

上官婉儿知道自己不该出现在武三思的府中，她甚至能够感觉到武承嗣看她时眼中的疑惑。武三思倒是不避嫌，大大方方地和上官婉儿在府中吟诗作对，如平时一样。他们自从那日拥吻以来，关系就亲密了很多，两个人像是约定了一样，刻意不提及有关立嗣的事情，甚至不提及武则天，只是沉浸在风花雪月的二人世界中。婉儿懊悔，难道是自己看低了武三思？他远比自己想象的要丰富。她在心中自知对他的爱并不纯粹，是形单影只的寂寞之手把她推向了他，她尝到了身为女人该有的快乐，而不仅仅是被当作一个有才华的女人来欣赏。

上官婉儿始终在立嗣这件事情上保持着所谓中立的立场。而实际上，她仍然忧心忡忡，害怕一场即将而来的腥风血雨。为了武三思，也为了李旦和太平，她还是决定铤而走险，联合狄仁杰，重迎李显回宫。

而此刻，掌握着绝对权力的武则天，在武氏兄弟多次的陈情苦劝下，心中的天平已经向武三思倾斜了。事不宜迟，上官婉儿已经秘密将武皇的想法告诉了宰相狄仁杰。

狄仁杰向来耿直，在武皇面前说话很有分量。出于对江山稳固的考量，他自然是支持李家的子孙继承皇位的。

圣历元年（公元 698 年），狄仁杰直言不讳地说："我看天下人都还思念唐朝，若立太子，非庐陵王不可。"武则天对这样的直言不讳有些不悦。婉儿有些担忧，遂提议狄仁杰和武皇下棋，别再谈这些事情了。

说起下棋，近日忧思多梦的武则天问道："我梦见下了好几盘双陆都没有赢，这是什么原因？"

上官婉儿和狄仁杰面面相觑，狄仁杰想到不过是一死，便继续进言道："双陆不胜，是因为无子，这是天意在警示陛下。太子是天下根本，根本一动，天下就危险了。"

婉儿趁机附和，顺着狄仁杰的意思继续劝解武皇，希望武皇能够以天下社稷为重。武则天心悦诚服，想到了武三思和武承嗣父亲早年对自己和母亲的苛责，提到了丈夫高宗多年来对自己的关爱，以及自己的儿子也不过剩下两个，而若要保护自己苦心经营多年的社稷不受损害，只有让自己的儿子登基，于公于私才是最合宜的。

得知武皇态度的转变，张昌宗和张易之兄弟此时也不再犹疑，如今正是他们投靠李氏阵营的最佳时机，若此刻不及时表明立场，等到武皇下了诏书，他们就有趋炎附势的嫌疑了，定不会得到李家人的眷顾。

婉儿洞若观火，便故意向与二张相厚的吉顼透露李家人对二张的感激，于是吉顼劝告二张要想自保，必须劝皇上顺应民意，迎庐陵王回宫，以后方可免祸。于是，张昌宗每每向武皇吹枕边风，说庐陵王才能够堪当大任。

就这样，在多方势力的较量之下，以上官婉儿和狄仁杰为首的李家支持者取得了胜利。武则天甚至已经秘密叫婉儿草拟了诏书，决意迎李显回宫。尽管诏书中并未提出要立其为太子，但这样的举动已经说明了一切。上官婉儿大喜，立即告诉了太平公主，可他们的谈话却被武攸暨听了去。

武攸暨忧心武家大势已去，找武承嗣喝酒抱怨。武承嗣闻之大哭，自己的太子梦就这样结束了吗？他不甘心。绝望中的武承嗣决定奋力一搏，作出最后的努力。一场精心安排的暗杀在他心中酝酿着。

第三节

强大的联姻

李显和妻儿在侍卫们的保护下回到了长安。见到母亲的李显很激动，一别十几载，母亲显然苍老了很多。而武则天眼中憨厚的儿子，如今也成长为一个沉着稳重的中年男人，喜怒不形于色。他们都比自己料想的要感性，却又都一致地不去多说，只是随意地谈着家长里短。在座的太平公主和李旦一个劲儿地嘘寒问暖，他们为与自己同样地位的李显难过，因为与他们的锦衣玉食相比，李显吃了太多的苦。

上官婉儿见到李显时，为他这一路上的经历心惊胆战，却又一句话也没有说，只静静地坐在花园中，两人如多年未见的老友一般叙旧。他其实很想知道婉儿的情感生活，甚至在提到武三思的时候，他已经感觉到婉儿眼神中的异样。作为一个饱经风霜的男人，他有这样洞察世事的敏锐。

他后悔自己当年没有要了她——在他最有能力的时候——才会在多年后，在二月的静好天气中，听她诉说另一个男人和她的爱恋故事。

上官婉儿没有后悔，她至今跟武三思还保持着那种朦胧暧昧的关系，这让她能保持自己的独立性。他们只谈风月，在爱情中拥有彼此，而二人的关系却从不涉及公事。她喜欢这样泾渭分明的感觉。

武承嗣得知李显已经回到宫中的消息后，无力地瘫坐在地上，他知道自己失去了最后的机会。派过去的都是他的亲信，却通通有去无回。李旦与世无争，早就建议让武皇立李显为太子，狄仁杰也反复上书劝说，如今储君的人选必定是李显了。如果有一天李显知道是自己要害自己，那他势必会让自己和家人都死无葬身之地。

想到这里，内心郁结的武承嗣急火攻心，感到喉咙中一阵灼热，一阵呕吐感让他眩晕。他极力控制自己，却还是吐出了一大口鲜血："难道自己命不久矣了？"

武承嗣不甘心就这样死掉，他身体一直不好，虽然请了宫中的御医来诊治过，结果还是不见起色。可他正值壮年，还有大业没有完成，他不想死。

武三思在得知武承嗣一病不起的消息后忧心忡忡，上官婉儿很少见到他眉宇间忧愁的"川"字，想要抚平情人的伤痛，却不知道该说些什么，她一向是不大欣赏武承嗣的。

“承嗣一直为武氏一族尽心尽力，武家的大业尚未完成，我们兄弟自小一起长大，现在我却要眼睁睁……”

武三思说到动情处，声音哽咽。

她不想看到他如此痛苦，总觉得要说些什么，就说出了那句违心的话，算是对将死之人的一点告慰吧：“生死有命，节哀吧。武承嗣也算是个人才。”

圣历元年（公元698年）九月，武承嗣因病去世，其长子武延基继“魏王”位，武则天改其号为“继魏王”。

上官婉儿陪伴武三思度过了失去兄弟的低落期，深深感到身为王侯子孙的艰辛。以前她从李家皇子身上感到的是宫廷的深不可测和皇子的无可奈何，而武三思身上更多的是一种野心和自尊心的角逐。武三思想要成全武氏一族的万世辉煌，却无力动摇李家的稳固根基。他在失去武承嗣之后，迅速地埋葬悲伤，打算用另一种方式来缅怀武承嗣，那就是稳固武家人的地位。

“你为何想跟显联姻?”上官婉儿有时候厌恶政治，尤其是当身边的人将生活的一切重心都放在政治上的时候。

“你知道的，为何还要问我?”

枕边亲切的低语和缠绵的情话，如今却被这样不可避免的冲突所替代了。上官婉儿已经不知道这是他们第几次冷眼相向了，就为了那所谓的权力。她有时候甚至想要离开这个男人，永远不要见他。但只要他温存的耳语响起，温柔的鼻息如热浪般侵袭她的面颊，她就会卸下所有的防备和武装，甘愿全心全意做他的女人。

长久的沉默让武三思也感到很不快乐。他本来也想只做好她的爱人，不在他们的关系中掺杂其他的因素，但现在武家岌岌可危，他必须有所动作。而李显对婉儿的感情他是清楚的，他只能依靠婉儿来促成这件事情。他知道自己很卑鄙，但没有别的选择。

“我不想帮你。”婉儿坚定地说。

“我希望你能真的去爱我，为我着想。”武三思留给婉儿这几句话后，就匆匆离开了。上官婉儿在这个幽会的府邸里逗留了片刻，也怅然地回到了皇宫。

回到宫中，武则天正在和李显聊天，还谈起了武承嗣的死，希望自此以后武、李两家能够亲如一家。李显会意，他已经不是当年那个无知的傀儡皇帝了，他深谙母亲话中的意思。他其实早已想到要和武家保持稳固的关系，这样也能防止武家再与他为敌。

婉儿奉命亲自送出了李显，现在他已经是太子了，诏书是昨天刚刚拟好的，只是还未公之于众。

“婉儿，我想要跟武家联姻，你帮我去跟武三思说说吧。”

“这就是皇室子女的悲哀吧。”上官婉儿苦笑道，看来是自己太过天真了，政治上的联姻太常见了。她根本不需要去说服李显，他和自己的政敌武三思有着同样的诉求。这下她反倒轻松了。

武三思听闻婉儿传来的消息，大喜。看来太子李显开窍了，武三思更加觉得这种联姻很有必要，因为拥有一个强大的朋友总比有一个强大的敌人要好。他甚至感激婉儿能够为了他放弃原则。

上官婉儿不想接受他的谢意，如实相告：“我不过是传递给你太子的意思。你们两人在这个问题上很有默契。”

既然双方在这件事情上达成了一致，李显就请示了武皇。皇室联姻毕竟是大事，要征得武则天的同意才好。自从武承嗣死后，李显又被立为太子，武则天觉得有必要让武、李两家重修旧好，这样才能保证江山稳固。

就这样，皇太子李显的两个女儿永泰郡主和安乐郡主分别嫁给了武家的子孙。永泰郡主李仙蕙嫁给武承嗣的长子武延基，安乐郡主李裹儿嫁给武三思之子武崇训。

时人有诗云：“帝城九门乘夜开，仙车百辆自天来。列火东归暗行月，浮桥西渡响奔雷。”皇宫中已经很少有这样的热闹场景了，上官婉儿禁不住想起了多年以前太平公主出嫁的场景。那时候，她们还是内心有着美好憧憬的少女，整个朝廷不知有多少人羡慕不已。而如今，韶华已逝的她们，却只能目睹着下一代的青春岁月。

“虽说是政治联姻，但也是很般配的两对眷侣。而且我听说裹儿本来就钟情于武崇训。”太平公主低声对婉儿说。

上官婉儿闻此倒是觉得惊奇，心中想着如果是这样倒还好，起码不只是两枚政治上的棋子，有真情在才能成就美满的婚姻。

其实，和武三思在一起的时候，她间或听他提起过自己的儿子武崇训，知道他是个有才华的俊俏少年，足够配得上李显的女儿安乐郡主。

太平公主最近的心情很好，哥哥重回太子位，李家人又一次执掌天下。而更重要的是，那些担惊受怕的日子一去不复返了。她沐浴在爱情的甜蜜中，虽然她和崔湜的婚外恋情并不被世俗认可，但她并不感到可鄙。她可是当朝最有权势的公主，没有人会对她的行为有所指摘。其实，婉儿心中明白，太平无非是不想休掉丈夫，让这个陪伴自己的男人颜面扫地罢了。而武攸暨的无动于衷，只是出于一种不动声色的报复，他不想成全了太平公主和崔湜这个小白脸。

上官婉儿感叹，这就是一对怨偶间的折磨吧。在满堂宾客之中，她一眼就看到了身材挺拔的武三思，这个让她尝到真正女人滋味的男人。他不是她心中最爱，却总是能够吸引她的目光。她想，脆弱和寂寞是让一个女人缴械的最佳武器。武三思不需要一兵一卒，只需要长久的忍耐和坚持就轻易攻破了她心中的防线。他看起来心情很好，在觥筹交错的酒席上谈笑自若。他会注意到她投注的目光吗？

“婉儿，我有时候真的想逃离这一切，和崔湜远走高飞。”太平公主突然冒出这样一句话。

上官婉儿的心为之一颤，望着空中五彩的烟火，她多想自己的人生也像烟火一样绚烂。公主的话是她今晚听到的最好听的话，其他的话于她而言毫无意义。

第四节

男宠诽谤酿惨剧

上官婉儿站在武则天的身后，小心翼翼地梳着那满头银丝，自从张昌宗兄弟入宫以来，这是她第一次跟武皇这样亲密地相处。她感到痛心，这两个男宠让她和武则天之间的关系疏远了。以前，武则天是愿意和婉儿单独在一起谈诗论道的，甚至只是随便聊些日常见闻。而武三思带给她的更多的是痛苦，她甚至有时会鄙视自己沉迷在情欲中难以自拔。尽管她对这个男人有几分感情在，但选择他更多的是为了抵御猝不及防的寂寞。

“最近太平和显他们还好吧，三思呢？”武则天应该是知道婉儿和武三思的关系的，不然怎么会问她武三思的近况呢？婉儿感叹，真是什么都逃不过这个女人的眼睛。

“武三思很好。他们也很好。”上官婉儿对于二人的关系向来低调，可既然武皇有意提及，她也并不回避。

“你爱他吗?”武则天说这话的时候，上官婉儿有些动容，她没想到武则天会关注她的爱情。

“算是吧。”

这是她们第一次谈到爱情。上官婉儿从武则天的脸上看到了熟悉的神情，那神情是属于母亲郑氏的。自己也有多日未见母亲了，不知道宫外的她一切可好。有时候，她觉得武则天像是给予她无微不至关怀的长辈。

这时候，一阵急匆匆的脚步声从外面传来。上官婉儿看到张易之气呼呼地走了进来，因为过分夸张的步伐，他那宽大飘逸的长袍在空中起舞。

“武皇，请您为五郎做主。”他直挺挺地跪在武皇和上官婉儿的面前，声音凄厉，像是刚刚哭过。

“又怎么了？起来，好好说话。”武则天对待这两个男人的态度让婉儿很好奇，像是对待两件真爱的宝贝，有时候又像是母亲面对少不更事的孩子。

“张易之无颜再侍奉陛下了，请陛下赐死。”

上官婉儿听到这话忍不住“哼”了一声，这个男人又在用死来威胁武皇了，估计也没什么大不了的事，他们一向是为排除异己不择手段的，不知道又在耍什么花样。

武则天自动忽视了上官婉儿对自己男宠的轻蔑，侧耳倾听着张易之的哭诉。原来魏王武延基夫妇和邵王李重润私下里议论张易之兄弟和武则天的宫闱之事，却正好被有心之人听了去，偷偷告诉了张易之。张易之闻之大怒，就气冲冲地跑来武则天这里进谗言了。

“武皇，我想他们不过是年轻气盛，应该不至于大逆不道到诽谤您。希望您明断。”上官婉儿听着张易之口中那些难听的词汇，不得不开口为那几个年轻人申辩。二张兄弟遭人鄙视已经不是一天两天了，他们最多不过是嘲讽了他们，怎么可能对武皇不敬呢？

谁知张易之却得理不饶人，一直声称魏王和邵王讥讽武皇为老不尊、不成体统，还说郡主仗着自己是太子的女儿，更是对他们兄弟俩极尽嘲讽。

上官婉儿看到了武则天看张易之眼神中的疼惜，就知道事情不妙了。这次的当事人一个是武家的侄孙，另两个是李家的皇孙，兹事体大，怎能够只听他张易之的片面之词呢？

“他们好大的胆子，年纪轻轻就敢这么目中无人。这种言行根本就有辱祖先赋予他们的尊贵身份。传我的命令，将魏王和邵王关押起来，调查清楚即刻问罪。”

武则天轻易就相信了张易之，婉儿跪下求情，想要武皇网开一面，张易之居然说她有意偏袒。为今之计，只有先静观其变，她决定去告诉武家和李家的人，好有所应对。

当武三思做客东宫和太子李显谈论新婚不久的儿女们时，他在心中为自己的政治才能而骄傲，联姻确实是一个稳固地位的好办法。而儿子和太子最宠爱的女儿安乐郡主婚后生活美满，这是他未曾料到的。政治联姻中还能保持良好的伴侣关系，这算是儿子崇训的幸运了。而侄儿武延基的妻子是李显的长女，如今也已身怀六甲。

上官婉儿的到来破坏了武三思的好心情，她告诉他们的这个坏消息让一向坚强的韦氏痛哭流涕，咬牙切齿道："这个张易之，居然这样陷害几个年轻人，显，咱们一定要救出他们。"

"武皇看起来很听他的，我刚才跪下求情她都无动于衷，下的是收押命令，现在赶紧想对策吧。"

李显想到自己引以为傲的长子、长女，只因为一个男宠的构陷就被打入大牢，听候发落，他觉得荒唐又可笑。他要亲自去跟母皇说，难道她相信一个外人胜过自己的嫡亲吗？

一贯冷静的武三思没有过多的反应，只是劝说韦氏和太子要冷静行事，千万别害了自己。他要求和李显一起去武皇处为孩子们求情。

武则天见到儿子和侄儿后，只是声称会按照大周的律法办事，天子犯法与庶民同罪，希望他们不要感情用事，两人无功而返。而等待武延基和李重润的居然是废除名号和赐死的惩罚。郡主李仙蕙因怀有身孕而免除一死，但仍被废除了郡主的身份。

婉儿明白，这都是张易之兄弟在背后捣的鬼，他们一定是伪造了证人证言，加之给刑部施压，才造成了这样的结局。当然，重要的是有武皇给他们撑腰。见惯了腥风血雨的上官婉儿很是疑惑，武皇何以能够如此狠心呢？只为了两个小白脸，居然连骨肉之情都不顾念。

武三思和李显为两个孩子办了体面的葬礼，他们根本没有顾忌所谓废除名号的有罪之身，只希望两个年轻的生命能一路走好。韦氏和婉儿多次劝说李仙蕙要节哀顺变，却没想到，在丈夫和兄长的葬礼上，她决绝地选择了控诉："不过是两个丧尽天良的男宠，武皇何以不分黑白？我们是议论了，议论您不该宠爱这样的人，乱了朝纲。您一直是一个深受百姓尊敬的帝王，何以糊涂至此？"说完这一席话，她就慷慨地以头撞击丈夫武延基的灵柩，殉情而死了。

这个惨剧令皇宫和朝廷中人都为之动容。这也暗示了一条信息：身份如此尊贵的皇家子孙尚且如此，百官们当然心里有数，是时候该决定自己从属于哪一个阵营了，若立场不稳，很可能为两派所不容。张氏兄弟俨然成为武、李两家共同的敌人。

身为母亲的韦氏在一夕之间失去了两个孩子，心中的痛苦和仇恨可想而知。她将这一切仇恨一股脑地投注到了武则天的身上。她想，如果不是武则天给那两个男宠权力，他们怎么可能有这样通天的本领。她厌恶权势的同时又告诉自己：她也要成为全天下最有权势的人，只有拥有权势，才能够不被伤害。她在心中祈祷着自己的丈夫早日登基，将那些邪恶的小人通通杀掉。

第五节

张氏封王

太平公主和上官婉儿为几个年轻生命的逝去而感到痛心，她们一年前还在他们的婚礼上回忆着青春，送上最诚挚的祝福，可如今却阴阳两相隔了。她们想做点什么来对付张昌宗和张易之，不能再任由他们通过魅惑武皇来摆布朝堂了。现在，连太子李显都会随意被他们欺侮，他们的权力确实是有些大了。

她们过去担忧的事情现在仍然是个问题。看来，张氏兄弟之前支持李显不过是权宜之计，他们的狼子野心如今已经昭然若揭了。

同样，武三思也没想到张氏兄弟居然会丝毫不看他的面子，对武家的子侄也这样痛下杀手。他现在唯一的选择就是和李家的人继续联合，共同铲除这两个跳梁小丑，以正视听。

最后，经过上官婉儿的建议，长安二年（公元 702 年）八月，太平公主和太子李显、相王李旦决定联合给武则天上表，请求封张昌宗为王。

武则天表示拒绝，上官婉儿不解，劝说道："既然大家都有此好意，不如成人之美。"她又说了很多褒扬二张的话。武则天有些起疑，婉儿一向对二张厌恶至极，如今这样想必是有什么计谋的。最后，武则天为了表示对子女观点的尊重，便顺水推舟给了张氏兄弟国公的名号。

上官婉儿知道武则天起了疑心，且她的本意也不是真的想要张氏兄弟称王，只是想要通过太平他们的力量，变相地给张氏兄弟点甜头，使对方放松警惕，再找一个合适的时机除掉他们。

武三思沉浸在对政治形势的思考中，他其实不太赞成上官婉儿他们的建议，担心这样反而会弄巧成拙，让张氏兄弟的势力日益壮大。他们甚至又一次因对政治局势的看法不同而发生了争吵。

上官婉儿觉得很累，甚至一度想要放弃和武三思这样的关系，因为这样无法见光的恋情让她感到痛苦。武三思也是有家室的人，不可能再娶她了，自尊的婉儿也不会甘愿给人做小的。没有婚姻，爱情也因掺杂了过多的政治因素而变得不那么单纯了。在他想要和她亲昵的时候，她甚至表示出了一种出于本能的厌恶。其实，她早就知道武三思是怎样的人，如今再去鄙视他，是不是有些为时过晚了？

"我不该因为寂寞而接受你，我们结束吧。"她终于下了最后的的通牒。

武三思从未做好失去婉儿的准备，他最近太过失意，不想再去承受任何打击了。他甚至低下头苦求她不要离开，因为她身上的品格是让他感到生活不那么阴暗的希望。他需要这样的女人留在身边，不管是从感情的角度还是政治的角度。

上官婉儿却表现得出奇的冷漠，她不愿意在这件事情上做过多的纠缠，既然决定了，就最好能够痛痛快快地结束。在感情生活中历经风雨的她早已经刀枪不入了，再难熬、再伤心的时刻也总能挺过去。

武三思拥抱着她，疯狂地嗅着她秀发上的清香，向她诉说自己有多么需要他，她是唯一能够让他免遭毁灭的人。

“谁又没有在走向万劫不复呢？我们身在这权力的中心，总是身不由己的。我们静一静吧。”上官婉儿最终还是没有忍心彻底地离开，给了他一个渺茫的希望，便匆匆回到了宫中。

李显看到身穿一袭白衣的婉儿，像是一株夜间的百合花，清丽脱俗，这又勾起了他少年时代的记忆。妻子韦氏的伤心欲绝让他煎熬，只要一看到妻子的脸，他就会想到自己失去的一双儿女。他不想再面对那样委屈、哭泣的脸。在这如水的夜晚吹着凉风，看着高悬在天空的明月，他可以放松自己的身心。

“显，你怎么在这里?”上官婉儿以为没有人会在这个时间出来闲逛，所以很是惊奇。每次和武三思偷偷约会，她都是选择在三更天以后，这样就不会有人知道她的行踪。在保持低调这一点上，武三思和上官婉儿保持了一致。武三思是担心武则天怀疑自己的动机，而婉儿是不愿意让别人认为她是一个公私不分的淫秽女人，毕竟人言可畏。

“我来赏月。”李显今天说话的口气倒像是李旦，不像是平日里的他。

“你还好吧?”

“我很好，只是有些想念从前。”李显话语中的悲戚让婉儿难过，这个男人的命运是几个兄弟中最坎坷的，早早逝去的李贤反倒是解脱于这一切烦扰之外了。

两个人不约而同地坐在石凳上，聊起了很多从前的事情，包括小时候他们第一次见面、婉儿对李贤的暗恋、太平公主和婉儿对几个兄弟的恶作剧，以及两人多年以前长谈的那个深夜……一切的一切都恍若隔了一个世纪那么长。

婉儿甚至能感觉到李显的迟暮之心，这对于一个将来的君主来说，是一种危险的心境。她认为，武皇也正是因为有了这样的心境，才厌倦了一切，任由张氏兄弟胡作非为。

“太子妃还好吗?”婉儿心中敬佩韦氏这样的女子，坚忍不拔，丝毫不逊色于一个男子，却在失去子女之后，内心崩溃，这是她不愿意看到的。

“每天都重复悲伤的故事。我有时候有些怕她，因为她的重复让我内疚，觉得自己没用，不是一个称职的父亲和丈夫。”

相信李显多年来的生活中总是间或伴随着这样的负疚感的，因为他的平庸，韦氏和孩子跟着他受了太多的苦，如今好不容易苦尽甘来，孩子却又被两个弄权的小人迫害死了。

“婉儿，你能答应我一件事吗?”李显言辞恳切。

“什么事?”

“答应我无论什么时候都陪着我，好吗?”李显像一个孩子一样，他还是多年前那个夜晚请求自己留下的那个人，他没有变啊!

对于现在的上官婉儿而言，若一个多年的老友仍旧不忘初衷，保持着自己以往的秉性，那就是一种宝贵的财富。她珍惜这样的感情，连连点头表示同意。

就在上官婉儿和李显叙旧的时候，太子妃韦氏看到了这一极易引起误会的场景。当年刚刚嫁给李显的时候，她就知道丈夫对上官婉儿的感情。没想到时隔多年，纯朴的丈夫仍然对这个女人不死心。她看到李显看上官婉儿的神情，感到如芒在背。在她这样痛苦的时候，最该陪在她身边的丈夫却在和别的女人深夜谈心，这是任由哪个女人都无法理解的。她感到了一种威胁，以上官婉儿的胆识和才华，只要她愿意，是可以将她韦氏取而代之的。

韦氏心中思量：除掉张氏兄弟远远不是她的目的，她要做的事情还有很多。

而此刻，被加官进爵的张氏兄弟显然没有如上官婉儿他们料想的那样坐以待毙，他们张扬跋扈，为了一己私欲而随意构陷忠良。

第六节

联合对抗张氏兄弟

被封为国公的张昌宗和张易之兄弟仍旧在朝廷中横行，除了朝中可以和他们平起平坐的皇亲外，基本上所有的大臣都忌惮他们三分。也有些寡廉鲜耻的，继续充当张氏兄弟的跟班，极尽谄媚之能事。而本来对张氏兄弟谄媚的武三思倒是有所收敛，毕竟他已经答应和李家人共同对付他们了。再加之上官婉儿近日对他极为冷淡，为了不失去她，他也不能做太多不讲原则的事情。尤其是在这样剑拔弩张的时刻，姑妈武则天不知道哪一天就驾鹤西去了，江山基本上就成为李家的囊中之物了，他只期盼能分到一杯羹，继续保持武家人该有的体面。而他第一件要做的就是除掉张氏兄弟。

朝堂中总有些和武、李两家都攀不上关系，但又希望能够在仕途上有所发展的人，他们便只能跟张昌宗他们套近乎。当年那个在龙门诗会上令上官婉儿刮目相看的宋之问就甘愿献媚于张氏兄弟，这让婉儿很不屑，尽管她心中清楚像宋之问这样出身低微的人虽有一腔抱负，却报国无门，便希望通过这样的方式以求飞黄腾达，但这毕竟不是一个正直有原则的人该使用的方式。而比宋之问这样的文人有权有势的大官，也有对张氏兄弟极尽阿谀奉承之能事的。

而武皇苍老的身体一天不如一天，上官婉儿和太平公主常常在榻前侍奉，二张兄弟也是形影不离，这显然更像是一场权力的争夺战。

“我侍奉母亲是出于孝心，他们？哼，不过是为了多捞点好处。”太平公主不屑道。

上官婉儿无奈地笑了笑。她内心有些忧虑，她刚刚给武则天读了宰相魏文忠的奏折，里面言辞极为犀利，直接表达了对二张兄弟专权的不满，字里行间大义凛然。这个魏元忠可是本朝元老，从高宗时期起就身居要职，若因为这个奏折得罪二张兄弟而遭遇祸患，那实在是太不值得了。

她知道，即使武皇暴跳如雷，也不会真的把这个敢于进言的宰相怎么样的，因为武皇是一个明君。但二张兄弟却如魏元忠所言，是“陪伴君侧的小人”，时常在武皇耳边进谗言。

太平公主让自己的门客司礼卿高戬私下里劝劝魏元忠，不要过多上表，这样既会与张氏兄弟为敌，又不能真正改变什么。但当高戬将话带到的时候，魏元忠和高戬却因诽谤圣上、图谋不轨而同时被抓了。

婉儿和太平公主请求武皇亲自审判，以正视听。于是，太子李显和相王李旦悉数到场，张昌宗和魏元忠两人当众对质。张昌宗说道："魏元忠大逆不道，跟司礼卿高戬密谋要挟太子以令天下。狼子野心，昭然若揭。圣上，他分明是不把您和大周放在眼里。"

魏元忠不屑地瞥了一眼张昌宗，怒斥道："你这小人，竟然凭空诬告朝廷命官。天理昭昭，不是你说什么就是什么的。"

"圣上，如果张昌宗没有证人，确实不能给魏大人定罪。"上官婉儿请示道，李显和李旦也纷纷表示赞同。

"六郎，你有证人吗？"武则天斜倚在病榻上，看起来很憔悴。她本想好好休养一段日子，可是这些天总不能消停，大周朝的希望何在啊？

正在这时，太平公主闯入了大殿："母亲，为何不叫女儿来旁听，难道您担心女儿会徇私吗？"

太平公主好意让自己的门客去劝说魏元忠，却没想到被张昌宗他们诬告了，高戬如今还以同谋的身份在大牢里受苦。

"胡闹，我脑子还没糊涂。你坐下，好好听着。"

张昌宗见太平公主盛气凌人，想着必须找出证明来才行，好在他早有准备，便说道："凤阁舍人张说可以做证。"

上官婉儿早就该想到这个张昌宗不会这么轻率地抓捕宰相，看来是早有准备，便主动请求去请证人张说过来，武则天应允。上官婉儿找来同为凤阁舍人的宋璟，希望他能够动之以情、晓之以理，帮助自己说服张说不要做伪证。

“张大人，你帮助张昌宗这样的人，让两个好人无辜蒙冤，你的心不会痛吗？”上官婉儿想打动张说，她要尽快说服他，拖延太久不去会引起怀疑的。

张说感到有些为难，面露难色，沉默不语。

宋璟见状，拍拍张说的肩膀，以一个多年同僚的身份说道：“一个人最重要的是名誉。人人都会经历生死，如果做错了事情，留下千古骂名，那就算死了也不能翻身。如果二张兄弟报复或者武皇不信任你，我们愿与你一同承担罪责。”上官婉儿重复道：“婉儿也是，请张大人为了正义和公道去做证。

张说被两个人的真诚所打动，便决定如实相告。到了大殿上，见到了武皇和诸皇子，他表示并未听过魏元忠有不轨的言辞。

张昌宗愕然，转而又明白一切似的看了一眼上官婉儿，眼神中写满了仇恨。随即，他匍匐跪下，哭诉道：“武皇，我也是听别人告诉我的。这一切六郎真的不清楚啊！”

“母亲，张昌宗所言女儿并不赞同，分明是他陷害忠良。请母亲为女儿做主。”

武则天还不至于糊涂到是非不分的地步，她自然明白了魏元忠是被陷害的，只是她不相信是张昌宗要陷害他，在她心目中，张昌宗仍然是值得信任的人，但太平的情绪她也要照顾。她已经很少有这样左右为难的时候了。

“这件事情到此为止吧，谁都别说了。魏元忠虽然无罪，但最近上的奏折也多次冲撞我，贬官吧，婉儿。”

魏元忠尽管不服，但心中对武则天还是很感激，毕竟她愿意相信自己没有谋反之心，这于他而言已经是很大的安慰了。他在心中暗暗告诉自己，有朝一日卷土重来，他肯定要手刃张昌宗这个狗贼。

上官婉儿心中本来还抱有一线希望，想借助魏元忠事件扭转局势，除掉张昌宗。但见武则天在太平公主和张昌宗之间左右为难，难以决断，她知道事情远比自己想象的要复杂。即使是武皇最宠爱的女儿也无法撼动张昌宗的地位，看来是需要更强硬的方式了。

对于张氏兄弟，李显早想除之而后快了。他和上官婉儿交换了一下眼色，就明白了彼此的意思。他们要用强硬的武力除掉他们，即使武皇要废掉他这个太子，他也要这么做。

宫殿上的审判就以这样的结局告终了。心中不快的太平公主找到了情人崔湜，她需要向一个人来倾诉心中的不满。记得母皇曾经说过她很像自己，会一直将她视作掌上明珠，可是现在呢，她甚至还不如一个男宠。要不是她把那个张昌宗带到母皇身边，他能有今天？此时的崔湜已经断了对上官婉儿的念头，只一心一意地呵护着太平这个天之骄女。他唯一的希望是能够跟公主长相厮守，远离政治，只是这期望看来不过是奢望了。他看到上官婉儿、李显和李旦这几个人趁着夜色来到了公主的府邸，他就明白，张氏兄弟的好日子要到头了。

第八章

专掌后的尽职尽责：贵为昭容，人人敬之

自圣历已后，百司表奏，多令参决。中宗即位，又令专掌制命，深被信任。寻拜为昭容，封其母郑氏为沛国夫人。

——旧唐书

第一节

回归的欣喜

上官婉儿慵懒地靠着张柬之府中的太师椅，昨夜的密谋让她感到异常兴奋。她被安排的任务就是来跟宰相张柬之会谈，密谋行动的具体过程。而其他人则去联络朝中的其他大臣。开始的时候，她对这样冒险的行为表示反对。但自从魏元忠事件后，她就坚定了这样的想法。

“不过是除掉两个小人，需要这样大动干戈吗?”张柬之迟疑道。

“宰相应该明白此举的目的不只是除掉张昌宗兄弟，更重要的是助太子登基。”

“那我就明白了。这个行动是迟早的事，武皇是时候该休息了。但是你身为武皇的亲信，居然肯这样做?”张柬之感到眼前的女子很不平凡，能够作出这样大义灭亲的事情。

上官婉儿何尝没有挣扎过，但皇位早晚会传给显，他们不过是提早了这件事情。再说，没有人想要伤害武皇，只是要除掉那两个妖言惑众的小丑。到时再请武皇下诏请李显登基。

“那如果武皇退位了，你怎么办？继续为新主效力？”张柬之素来很看重上官婉儿的才华和能力，因此也格外关心起她来。

上官婉儿何曾没有想过自己的出路问题。就在刚刚来的路上，她还遇到了武三思，武三思甚至说要娶她，要再跟武皇请旨，希望她务必答应。上官婉儿却无法答应。她现在要参与的是一场政变，生死未卜，祸福难测。她不能在这个时候和武三思再发生什么关系了，这样也是为了他好。再说，武三思根本就是一个政客，她不想找一个这样的丈夫。

“你说你不爱我了，这都是借口。我知道你最近又常常和太子在一起，是旧情复燃了吧？”武三思的本意是要利用上官婉儿自保的。他早已经听闻李家的人要有所行动，却不知道为何会说出这样的话来激怒她，这样对他没有任何好处。

“既然你知道我跟他在一起，为何还要娶我？”上官婉儿万万没想到，这个男人居然能说出这样的话来。

“因为你和太子在一起，正是我需要的夫人的条件，这不正能稳固武、李两家的关系吗？”

“你相信命运吗？”上官婉儿听到张柬之这样问，想到自己跟武三思因为并不纯粹的情感和情欲而难舍难分，就有些厌恶自己。但若真是一点感情都没有，她为什么还会隐隐感到心痛呢？

“我不相信。”上官婉儿一字一顿地说。

在上官婉儿和太平公主、太子李显及相王李旦的游说下，以宰相张柬之、右羽林大将军李多祚以及大臣桓彦范、崔玄暐、敬晖、袁恕己等为首的一众臣子决意要为李家夺回天下，诛杀张昌宗和张易之，为民除害。

此时，八十二岁高龄的武则天已经病重，在宫中养病，只有张昌宗和张易之两人陪伴在侧，其他人求见都会被张氏兄弟以武皇的名义拒绝，甚至上官婉儿也有一段时间没有见到武皇了。婉儿知道时机到了。张氏兄弟分明是想趁武皇病重来巩固自己的势力，这可以成为杀掉他们的口实。

按照约定的计划，上官婉儿先在宫内安排好一切，张柬之和李多祚再率军进入。他们里应外合，五百多人的羽林军顺利进入了玄武门。张易之和张昌宗听闻宫内有兵变，便仓皇逃跑，正被迎面而来的张柬之等人撞上，二话不说，以刀砍杀。

张氏兄弟没想到他们敢真的动手，面露惊恐，死于乱刀之下。一时之间，众人士气大增，李显被簇拥着走向内宫，他们接下来要做的就是逼武皇退位。

“我看还是算了吧。我们的目的已经达到了。母亲正在休养，退位是早晚的事情，何必急于一时呢？”李显显然犹豫了，他总觉得做这样的事情是有违孝道的。

“显，你迟早要面对的，去吧。”太平公主劝道。

“我知道你的犹豫，我会一直陪着武皇的，即使她不再是皇上了。”上官婉儿明白大周大势已去，是时候回到唐朝了。

“太子，当断则断啊！”张柬之跪求道。

在众人的劝说下，一向软弱的李显终于勇敢地走向了内宫。婉儿带着众人风风火火地进入了武皇的寝殿，为表示尊重，只有李显、太平公主、上官婉儿和张柬之进入了内殿。

听到外面喊杀声的武则天已经明白了一切：“五郎六郎安在？”她还残存着一线希望。

“圣上，他们已经死了。”婉儿平静地回应道。

武则天没有表现出过多的忧伤，苍老的脸上波澜不惊，只是缓缓地说：“显，你该明白生于帝王家的不自由。我既是你的母亲，也是当今的皇上。”

一直沉默的太子李显有些紧张，甚至不敢用正眼去看自己的母亲。他总觉得这样不妥，不该如此，但每一个人都告诉他：母亲年事已高，本该退位了，她迟迟不退位，只会让别有用心之人有机可乘，二张死了，还有武家的人呢，朝廷实在经不起这样的动荡了。

“我明白，母亲。”李显点了点头，深深地给自己的老母亲行了跪拜之礼，这场景倒像是一对普通的民间母子在交谈。

“婉儿，你把传国玉玺拿来吧。还有，草拟传位诏书。”武则天对上官婉儿的作为心知肚明，如果宫中没人接应，他们的政变是不会进行得这么顺利的。

上官婉儿照做了，不由得问道："您不怪我吗？"

"你不愧是上官仪的后人。"

武则天这话算是赞誉吗？上官婉儿明白当年祖父就是要废掉她的皇后之位才遭逢厄运的，而如今自己居然成功帮助太子一党废掉了她的皇帝之位。这和祖父的行为是殊途同归啊！

"我可以将这理解为一种赞美吗？"武则天不是一般的女人，更不是一个普通的君主，上官婉儿知道她有着宽阔的胸襟。

武则天点点头，颤抖着双手在诏书上盖上了印，平静地说："你们都出去吧，我想一个人静一静。"

"母亲，让我陪陪你吧。"太平公主心中怜惜自己的老母亲，尽管身为九五之尊，她在缠绵病榻的时候，却只有两个男宠陪伴，自己的子女竟筹划着将她赶下龙椅。她为自己的行为感到愧疚，她该多陪陪母亲的。

神龙元年（公元705年），"神龙革命"成功，武则天被迫下台，太子李显被立为皇帝，恢复国号为"唐"，仍称唐中宗。参加过"神龙革命"的功臣薛季昶建议要诛杀武家人，斩草除根，防止朝根不稳，武家挟怨报复。宰相张柬之就此事请示李显。李显不想再见到更多的杀戮和痛苦，他认为对武家采取宽容的政策才是上策。张柬之赞叹新君宽容仁爱，驳斥了薛季昶的建议。薛季昶为自己的命运感到担忧，甚至找到了上官婉儿，希望她能够劝说新君除掉武氏一族，永绝后患。上官婉儿也认为此举不妥，她每天陪伴在武则天的身旁，实在不忍心再给她制造任何的痛苦。这件事情就这样不了了之了。

所有人都沉浸在唐王朝回归的欣喜中。

第二节

册封之礼

李显坐在龙椅上，心中五味杂陈。以前这龙椅他也坐过，但只不过坐了几十天，就被母亲武则天赶了下来，原因是母亲认为他不具备做一个好皇帝的能力。他想要申辩，向母亲证明自己有这样的能力，只是母亲没给他足够的时间。如今，他从母亲手里提早抢到了这个位置，弟弟李旦也谦逊地把太子之位让给了他，他才又名正言顺地坐在了上面。这一次，他会证明给她看的。

“皇上，你深更半夜的在这里做什么？”上官婉儿疑惑地问道。她只是心情欠佳，想出来走走，却没想到碰见了李显。武则天已经行将就木，她知道她的时日不多了。一个曾经那么精明强悍的人现在却事事都要人服侍，她甚至能感到武则天心中的悲伤。

有一天，她上官婉儿也会面对镜中容颜衰落的自己，面对无法抗拒的软弱和孤独。她已经是一个过了四十岁的女人了，这样的年纪本该是儿女绕膝的，而她呢，却只有自己。作为女人，她曾经想象过自己青春时代的甜蜜爱恋和中年时期的安稳和顺。但想象终归是想象，她注定长在深宫，经历不凡的人生，承受其他女子不必承受的凄苦。在这一点上，她感到自己和武则天是一样的，一直以来都是踽踽独行于这世上。

李显刚刚封了韦氏为皇后，还破例地封韦氏的父亲为王，并允许韦氏像当年的母亲一样，能够过问朝政。这一举动遭到了很多大臣的反对，包括帮助他走上皇帝宝座的张柬之等人。但他力排众议，坚决颁布了圣旨，昭告天下。大臣们纷纷唉声叹气，像是在感叹自己的无能和昏庸。其实，他们不知道的是，他不过是想报答妻子，他相信自己能够控制事态的发展。

“我想要你来到我身边。”李显避而不谈自己深夜偷偷来找她的举动。房州那几年的生活几乎要将他的大丈夫气概消磨殆尽了，还好有坚韧的韦氏在侧。现在，他唯希望朝思暮想的婉儿也能陪伴在自己身边。

上官婉儿已经跟武三思断绝了来往，她甚至收到了一封武三思的断情书，书中表示要与她恩断义绝。她不知道他为何偏偏要这样伤害她，难道只是为了表达对自己的怨气吗？既然分开，为何不能平静地告别，相忘于天涯呢？她现在需要时间来恢复元气，还要照顾武则天，不愿意过多地思考其他的事情。她婉拒了李显的好意：

“我想要休息，以后再说可以吗？”

“名号总是要跟上的，你要休息随你休息到什么时候。太平和你都是功臣，我已经封太平为镇国公主了，现在我要封你为昭容。”

上官婉儿跪在地上，用一个臣子对待君王该有的方式说：“我确实不适合做昭容，请陛下能答应我的请求。”

这是李显最不喜欢听到的话，多年以前，在他被母后废掉的前一天，婉儿就这样客套而疏远地跟他谈过话。他清楚地记得那种感觉，这辈子再也不愿意听到她这样跟自己说话。

看到李显眉头紧锁，她感到这个饱经风霜的男人和以前有些不同了：“我是不是说错话了？”

李显郑重地说：“我只是希望你能在我身边帮助我处理政事，就像你帮助母亲那样。我封你为昭容不过是女官，希望你别想太多。”

上官婉儿知道自己太过小心谨慎了，对方可是儿时就相熟的李显啊，她居然允许自己这样随意揣度他。她为自己的冷淡和客套而愧疚，答应好好考虑，希望李显能够多给她一点时间。

婉儿封昭容的事情就这样搁置下来了。与此同时，很多因张昌宗兄弟的谗害而遭到贬官的人都重新得到了起用，朝野上下对中宗李显的作为交口称赞。特别是前任宰相魏元忠也得以回到京师，官复原职，能够继续在朝堂上谏言。他因才华和直言赢得了李显的器重。

上官婉儿每日除了定时去宫中照看重病在床的武则天，陪着她聊天外，就是去太平的府邸坐上一会儿，打发时日。自从十四岁跟着武则天起，她就没有过过真正意义上的清闲日子。这一段散漫的宫廷生活成为她以后人生中的一笔财富。尽管她平淡闲适，却很难不引起旁人的猜忌。

李显刚刚册封的皇后韦氏已经蠢蠢欲动了，她不能允许上官婉儿成为中宗的妃子，即使是名义上的。

“皇上，你不能册封上官婉儿，她和武家人来往很多，尤其是武三思，我现在真后悔把安乐嫁给他儿子。”韦后显然对武家人不太信任，更不能容忍上官婉儿夺走李显。

李显尽管已是九五至尊，但还是耐心地跟自己的妻子解释所有的事情，包括他对上官婉儿才华的赏识。身为君王，他大可以拥有三宫六院，不必向任何人汇报，但他却总是在意韦氏的感受，只因为一个男人对女人的亏欠，她可是拿自己的青春为他的贬谪生活陪葬了！

韦后自然了解李显的脾气，知道没办法说服他放弃册封上官婉儿，索性就做了个顺水人情，与上官婉儿保持一种良好的关系。

“我请求你，上官妹妹，以国事为重，皇上需要你，我也需要你，包括整个大唐。”韦后言辞恳切，上官婉儿本来坚定的心倒因这个铁腕皇后而有所动摇了，因为她更加不放心这个女人，她甚至从韦后的眼中看到了当年武则天的影子。直觉告诉她，要小心这个人，李显需要她。

册封的这一天还是来到了，镇国公主太平、安国相王李旦，甚至还有武三思都参加了这个盛大的皇室册封典礼。本来按照昭容的品位是没有册封礼的，但李显坚持要为上官婉儿办一个册封典礼，而且太平公主和李旦还主动过来撑场面，朝中要员也悉数参加。上官婉儿平生都未如此被重视过，作为一个弱女子，她自然是感动的。其实，只要李显想，他是能够轻而易举得到她的，但他尊重、爱护她，即使给了她后宫中妃嫔的官位，却对她秋毫未犯。这一点也让韦后很放心。

太平公主和李旦为婉儿高兴，李旦并没有因哥哥得到婉儿而伤怀。他只是希望婉儿能够真正幸福，即使他永远活在她的背影中。李旦在这次政变中没帮上太大的忙，但哥哥李显仍对他委以重任，拥有这份手足之情就足够了。

武三思大概是整个册封礼过程中最不快乐的那个人了。当他恶语相向，和上官婉儿挥剑斩情丝的时候，是不想再跟这个本属于对立阵营的女人再有所纠缠了。他不想公私分明，只想要她完完全全属于他，但他无法做到，上官婉儿也不会答应，这样的关系让他很是痛苦。现在，看到李显抱得美人归，他心中很不是滋味，甚至在心中滋生了一种报复的想法。他看了看端坐在李显身旁的韦后，狡黠地笑了。

第三节

多事之秋

上官婉儿被封为昭容之后，她的母亲郑氏被中宗封为沛国夫人。婉儿的娘舅一家也因她的关系而得到中宗的重用。上官婉儿多次向中宗表示，不希望自己的亲人因裙带关系而得到高位。李显很不以为意，声称自己是对事不对人，希望她不要顾虑太多。

如今，她的身份有所变化，中宗赋予了她很大的权力，皇宫中基本也是人人敬重她。她想要好好补偿自己多年来未尽过孝道的母亲，便用自己多年的积蓄和细软购置了一处府邸，名义上是给自己办公之用，其实主要是给郑氏安排一个可以安享晚年的去处。

郑氏终于盼到了女儿名正言顺地拥有名分的日子。她一直不希望婉儿在这深宫中孤独终老，如今她被中宗封了娘娘，也算是苦尽甘来了。她日渐苍老的容颜因满足而有所舒展。

上官婉儿过去因忙于公事而无暇承欢膝下，尽些孝道，平日里多亏了舅舅郑休远一家和远方的表弟王昱对母亲多加照顾。现在虽然她依然负责制命拟诏这些事宜，但中宗显然刻意减轻了她的工作量，以便她能够多多抽出时间陪陪家人。

郑氏总喜欢跟上官婉儿提起当今皇上，她为女儿集万千宠爱于一身而感到高兴，甚至有种苦尽甘来的感觉。郑氏不止一次在梦中梦到自己为上官家族讨回了公道，但天亮了才知道不过是自己的痴人说梦。她一个妇道人家，怎么能够为被处死的罪臣翻案呢？现在，婉儿做到了。因为皇上对婉儿的宠爱，他愿意为她们蒙羞的家族讨回公道。在中宗的督促下，上官仪一案终于平反，上官仪被追封为中书令、秦州都督、楚国公，上官庭芝被追封为黄门侍郎、岐州刺史、天水郡公。

“显，你不必为我做这么多的。”上官婉儿私下里还是称呼中宗的名字，这是他们之间的约定，中宗在意婉儿对他的称谓。

“我只是在做我认为值得做的事情。”李显比起当年那个气定神闲的年轻王爷，身材发福了不少，看起来比李旦要苍老很多，这是十几年的流放生涯所致。也正因为这样，他更加珍惜身边的一切，包括他城府极深的妻子和刁蛮任性的女儿安乐。

张柬之已经不止一次跟上官婉儿密谈，抱怨这对让人头疼的母女，还有韦氏一族在朝廷中气焰嚣张，俨然是当年的武家人。更要命的是，武三思也不消停，正在积极地和韦后的家族保持联络，并常常以家宴的名义请中宗和韦后微服到其府中赴宴。

上官婉儿不经意间也听李显提起过到武三思府中的事情。但除此之外，李显没有透露更多的信息。每次提到武三思，他们两个人之间的气氛就会显得紧张而尴尬。李显想要表现得自然些，却会因刻意回避而更显得不自在。她不愿过多去解释，只希望留待时间来证明：她早已经不再喜欢武三思。

现在看来，武三思正在拼命拉拢新皇上，早已经将他病入膏肓的姑妈武则天抛之脑后了。难道这就是政治吗？曾经唯武则天马首是瞻的武家子侄们，为求自保，纷纷对重病的武则天不闻不问，生怕有人会说他们有所图谋，试图复辟。

“我要想想该怎么处理，武三思确实很棘手，只要他没有别的企图，也可以随他去。”上官婉儿俨然成为一个重要的谋臣，连宰相张柬之这样的功臣也对她有所倚重。

“要不要跟镇国公主商量下？”张柬之提议道。

“好主意。”上官婉儿最近和韦后走动得很频繁，这让太平公主很不理解。两个人会面的时候，太平公主言语之间略有讥诮之意，这让婉儿很受伤，她正好想趁着这个机会跟她好好谈一谈。

上官婉儿刚刚在太平府中坐定，还未多说什么，就见崔湜从外面急匆匆地走了进来。原来是张柬之大人已经被定了图谋不轨的罪名，即日就要被问斩了。上官婉儿简直不敢相信自己的耳朵，她刚刚还跟张柬之大人见过面，看来武家的人下手也太快了。只是婉儿不理解的是，皇上为何会宁愿相信武三思的话，也不愿相信拥立他为帝的有功之臣。

太平公主嘲讽道："这个武三思就是这样的小人，不知道皇兄是怎么了，就像有些人一样。"

上官婉儿没想到公主对她还是这么不理解，武三思本就是这样的人，是她上官婉儿耐不住寂寞才会爱上这样的人。但事已至此，她难道就不能重新开始新的生活吗？她现在已经是皇上的昭容了。

她沉默了片刻，崔湜却为她辩护道："公主未免太尖刻了，这不是一个当朝公主该有的样子。"

太平公主恼羞成怒，对崔湜吼道："你给我滚，本公主再也不要见到你。"

上官婉儿不明白，在这样的多事之秋，这两个人还闹什么感情纠葛。她自讨没趣，没有多说什么就走了。当务之急是要回到宫中为张大人求情，也要弄明白李显何以会相信武三思而不相信帮助自己夺得皇位的人。

到了宫中，李显正在自己的卧室中小憩。按照惯例，上官婉儿是不会进他的卧室的，他们之间只是有夫妻之名，而从未有过夫妻之实。但现在她必须打扰他，便硬着头皮进了卧室，轻轻唤醒了正在睡梦中的李显。

李显睁开眼睛见到伊人在眼前，心中很高兴，笑道："你怎么来了？"他甚至在一瞬间误以为上官婉儿终于决定接纳他为她的男人了。但很快，他从她焦虑的脸上明白了一切，知道她是为以张柬之为首的几个大臣而来的。

“显，你这样做有些恩将仇报的嫌疑，他们是忠心耿耿的臣子，为你登上皇位铤而走险，不该这样对待他们。这是‘狡兔死，走狗烹’，叫其他臣子们情何以堪啊?”

这样的话显然是重了。身为天子的李显从登基以来从未听到过这样指责的话，如果对方不是上官婉儿，相信已经被定罪下狱了。

“功高盖主，你应该明白这其中的道理。表面上我是听了武三思的谏言，实际上是给自己树立威信。”李显说这话的时候显得很是老谋深算。上官婉儿暗笑道，只要是坐上这个位子的人，似乎都会变得冷血无情。

“那也罪不至死啊。我恳求您将张大人的处罚改为流放，请您答应我。”上官婉儿跪求道。在遇到重大分歧的时候，她仍然是他的臣子、姬妾，而不是一个和他地位平等的人，她只有跪下来苦苦地哀求他。

李显长叹一口气，感到他和上官婉儿之间仍横亘着一条鸿沟，让他们无法靠近彼此。她这样抛下他赋予她的特权，只为像其他人一样恳求一个公平的对待，而这全是为了别人。她本可以接纳他的爱，然后以妻子的身份为张柬之求情，那也许会更有效。

但若是那样，她就不配成为他李显挚爱的女人了。他答应了她的要求，将张柬之的死刑改为流放边疆。

第四节

引领文潮

上官婉儿力保张柬之的行为还是传到了韦后的耳中，她心中颇有不满，但又不好发作，只能假意赞扬道："婉儿妹妹果然是宅心仁厚，圣上和我有你这样的贤德之人相伴，定会江山稳固。"

多日以来和韦后的相处已经让婉儿明白她处事的方式，她自然能够听出韦后语中的虚伪和浮夸。但按照名分讲，昭容上官婉儿是妾，而韦后是正妻，正妻自有调教其他妃嫔的权力，尽管不喜欢这样的相处方式，她也只能敷衍了。

幸好，韦后和安乐公主都是张扬的个性，平日里皇上设宴，群臣以诗酬唱的时候，要国母韦氏作诗，她每每都是推辞不就。上官婉儿明白韦后是因为欠缺文学才华，担心出丑，所以总是提前为她准备好几首应制诗，以备不时之需，此举深得韦后之心。也因为这一点，两个人之间还能保持一种表面上的和谐关系。

后宫佳丽三千，但韦后一直把上官婉儿视为眼中钉。因为韦后明白，即便是弱水三千，李显却只取一瓢饮，皇上心中真爱的只有婉儿一人而已。这像是一颗定时炸弹，随时都可能在韦后醋意大发的心中引爆。

上官婉儿却无暇去和一个把自己假想为敌的女人争宠。每天起床盥洗完毕，她都会第一时间赶到御书房去处理当天的各种奏折和公文，准时向李显汇报当天朝臣们所要讨论的大事。除此之外，她还提议李显多征召些文人墨客来朝中做官，并设立昭文馆，掌管藏书和世家子弟的教育。昭文馆中有大学士、学士、校书郎等职务，主要职责是校勘图籍，有参与和讨论朝制礼仪的权利。

其实，在武则天当政的时候，就已经有昭文馆了。上官婉儿现在做的无非是扩大这种官署的覆盖范围，更加积极地弘扬知识和礼仪。这对于历经波折的唐朝来说，无疑是一件很有建设性的事务。李显对上官婉儿的各项建议悉数采纳。一时之间，文人骚客，为报效朝廷，纷纷成为昭文馆学士，朝中诗词酬唱之风盛行。

李显为了表彰上官婉儿的尽职尽责，特意带着她去长女长宁公主的府邸游玩，连韦后都没有跟随，只有李显和上官婉儿两个人，还有大批的文人雅士。这个长宁公主是中宗和韦后的嫡长女，本就深受宠爱，自从胞妹永泰郡主李仙蕙死后，高宗的几个女儿就更受宠爱了，其中以长宁公主和安乐公主最为突出。身为嫡长女的长宁公主嫁给了世家子弟杨眘交后，由韦后做主斥重金建造了一座豪华的府邸，府中雕栏玉柱，精巧异常。而长宁公主府中最为独特之处是特意凿石饮水为池，颇有王羲之在《兰亭集序》中所谓的“流觞曲水”的意境，很是风雅。

《游长宁公主流杯池》是上官婉儿随中宗李显游览长宁公主府邸时有感而发之作。长宁公主府是她身在李显后宫时来的次数最多的地方，她先后共为流杯池做了同名诗二十五首，算是蔚为大观了。这是婉儿首次以《游长宁公主流杯池》为题做的诗作，底下的文人纷纷交口称赞。

“昭容娘娘果然是好文采！”类似这样的赞赏她听得多了，反倒不会太过骄矜，而多是回以淡淡的一笑。

接下来，其他人也纷纷写出了自己得意的诗作。在这春日融融的好时光里，每个人的心情都大好，就好像几个月前那场惊心动魄的宫廷政变没有发生过一样。上官婉儿不禁感慨世事的浮沉和变迁。

这时候，崔湜叩拜李显，要求献诗一首。上官婉儿很是吃了一惊，她以为这次参加春游的多是新征召的昭文馆学士，不知崔湜是怎么混进来的。上次他和太平公主争吵后不知道怎么样了，上官婉儿不无忧虑地想着。

不分君恩断，新妆视镜中。

容华尚春日，娇爱已秋风。

枕席临窗晓，帏屏向月空。

年年后庭树，荣落在深宫。

很难相信，这首名为“婕好怨”的相和歌辞居然出自英姿焕发的崔湜之口，上官婉儿忍不住去猜想这首诗背后的意味。是不是他跟公主分手了？可是这崔湜诗中所说的“婕好”，跟自己又是何其相似啊！

“诗是好诗，但是太过悲伤。”李显赞叹道。

崔湜脸上波澜不惊，不知道是在诉说着一个怎样的故事。上官婉儿有些心焦，她每次看到崔湜，总有一种猜谜一般捉摸不透的感觉。他是如谜一样的男子，对任何女性来说都有一种持久的吸引力。

上官婉儿不希望自己这样去注意一个男人，她的举止要符合如今的身份，不该再犯在武三思身上犯过的错了。她该耐得住寂寞孤独，这是人到中年该有的心境，尤其是对于一个女人而言。但她若只是为了打发寂寞，为何不痛快地接受李显呢？这样更名正言顺，她名义上本就是他的妃子啊。

“上官昭容，上官昭容。”身旁的一个宫人举着一封信，请她亲启过目，说是她的母亲沛国夫人托人带来的。

她随意浏览了一遍，只记住了“病重”、“抱恙”几个字，便明白了家人何以会如此着急地送信过来。书信是表弟王昱代笔，可见母亲真的病得不轻。她赶紧向身旁的李显禀告想要去探望母亲，李显也想一同前往，但婉儿拒绝了。

上官婉儿回到在宫外的上官府邸，进了母亲的卧室，却看到母亲安然无恙，正伏案研究着刺绣，表弟王昱平静地在一旁陪伴。

她不知为何两个人要联合起来欺骗自己。母亲见她进来，忧心忡忡地说："现在上官家好不容易恢复了名誉，我希望你谨言慎行，与武家人和韦后保持距离，不要再作出有悖伦理的事情来。你跟武三思的事情，你真的以为没人知道吗？上官一族的兴衰，都系于你一人身上了。我不希望大富大贵，只希望别遗臭万年。"

上官婉儿听完母亲的话，恍然大悟。对政治上的事情从不过问的母亲何以会如此消息灵通呢？她看了一眼端坐在母亲身边的表弟。表弟王昱顺势说道："表姐，我不否认是我告诉她的，我们都是为了你好，也是为了整个上官家族着想。"

两个人的劝告对于上官婉儿而言无疑是当头棒喝，她想到自己刚刚还对美男子崔湜浮想联翩，就感到有些惭愧。自小长于深宫的她，比谁都清楚在这宫中生存要时刻保持谨慎，可她却总是难以遏制自己丰沛的情感。她有时候真的痛恨这样的自己，不够理智和隐忍。

她听从了母亲和表弟的建议，表示自己心里有分寸，在处事前一定会多多思考，从大局出发。母亲连连点头。郑氏明白，在这权力倾轧的宫廷中能够明哲保身不是一件容易的事情，她不想给女儿太大的压力，她能做的只是善意地提醒而已。

第五节

韦后的报复

神龙元年农历十一月二十六日（公元 705 年 12 月 16 日），八十二岁的武则天死于洛阳上阳宫，遗制去帝号，称“则天大圣皇后”。第二年五月，与高宗合葬乾陵，留下了一块众说纷纭的无字碑。

上官婉儿理解武则天的做法，她不想要史家盖棺定论的溢美之辞，也有些恐惧人们会对一个女皇帝过分苛责，索性就什么都不写，只留下这一块没有题字的墓碑，将自己的功绩留待后人去评说。与她合葬的高宗的墓碑上，却有她亲自题的词，她又一次成功地做到了史无前例。

在武则天死后的第二年，上官婉儿成为唐中宗名副其实的昭容。

李显和上官婉儿之间的感情终于如他所愿，有了一个新的进展。尽管他知道，婉儿或许是出于对现实的妥协，或许是出于对他感情的回报而选择成为他名副其实的妃子。但能够在有生之年和婉儿成为真正的夫妻，这于他而言意义重大。尽管在这后宫中有无数的佳丽，但他宠幸那些女子不过是为了延续皇族香火。他心中真正在乎的女人只有两个：一个是上官婉儿，另一个就是韦后。

上官婉儿为了断绝自己对美男子崔湜的想入非非，告诉自己要真正成为李显的女人。相较于崔湜给她的所谓爱恋的感觉，李显给她的感觉更踏实，他只是要给她一个名分，保护她，让她享受别人的尊重。

和李显一同走进卧室的时候，她心中有些忐忑不安，她不知道跟这样一个视为知己的人同床共枕会是什么感觉。莫名的紧张让她羞红了脸。李显温柔地呵护着她，拥她入眠。婉儿在中年之后才真正享受了身为人妻的快乐，这不同于早年与武三思的结合。

当宫中的人都为中宗和上官昭容的恩爱而送出祝福的时候，只有一个人感到不快，她就是位高权重的当朝皇后韦氏。韦氏甚至和李显为这件事发生过激烈的争吵，她要李显答应，永远不让上官婉儿威胁到自己和韦家人。李显勉强同意了这样可笑的要求，但韦氏还是闷闷不乐，连续几天紧闭宫门，对外界宣称自己生病了。

一国之母身体抱恙，免不了有人来探望，首先来的是韦氏的娘家人，当他们得知韦氏是因上官婉儿而醋意大发时，都劝她不要跟一个小小的昭容一般见识。道理她自然都懂得，但事情一旦发生在自己身上，又有几个当事人能够保持冷静克制呢？接着就是安乐公主和驸马，武三思也随着儿子媳妇来了。安乐表示永远支持母亲，区区一个上官婉儿不足为惧。小两口说了两句安慰的话，就告辞了，只剩下武三思一个人尴尬地留在韦后的卧室中。

其实，早在之前的几次公开场合，武三思就多次对韦后的话表示赞同，在朝政上也处处维护韦家的人，这些韦氏都看在眼中。她自幼精明强干，当然能看出武三思的心思。但碍于自己的身份，她最多只是用眼神来回应他。武三思也不轻举妄动，只是处处维护讨好她，前些天还借着武崇训的名义送来了上等的补品。韦后知道武三思和上官婉儿有过一段感情，这些是李显在一次醉酒后无意透露的。那时候，韦后就已经不自觉地把上官婉儿当成了敌人。如今，上官婉儿抢走了她的男人，她也要让上官婉儿知道自己的厉害。再说，武三思也是个仪表堂堂的男子，哪个女人会不喜欢他呢？

“皇后，我知道你心中苦，但帝王家的男人本就如此。你该想通才是。”

“那你说帝王家的女人呢？”韦后说着话，就用挑逗的眼神看着武三思，武三思会意，大胆地将手放到了她丰腴的脸庞上，韦后喝令门外的宫人都退下，之后便炙热地投入了武三思的怀抱。

于是，一场堂而皇之的宫廷偷情就这样开始了。韦后从武三思身上体会到了不一样的感觉，共赴巫山之后，她甚至有爱上他的错觉。比起过于温柔的李显，武三思更有一种男子汉的阳刚之美。

接下来两个人三天两头地偷情，韦后在报复和纵欲的双重快感中沉醉。阖宫上下，除了李显不知情外，韦后和武三思的关系基本上已经成了半公开的秘密。直至朝中的官员上书中宗告发两人，李显才后知后觉地意识到两个人之间的关系。武三思得知自己被人告发，自然是心急火燎，便让手下人随便捏造了个罪名给上书者。李显本来就不太愿意相信上书者的话，尽管这可能就是事实，却是对一个男人和帝王尊严的双重挑战。武三思的诬告正给了李显一个台阶下，他情愿相信这是别人对皇后名誉的诽谤，便判了将上书者斩首。

正直的宋璟大人不想看到好人遭殃，便苦口婆心地劝说中宗："陛下为何不加以查证就判定此人是在诬告皇后，恐怕难堵悠悠之口。臣恳求您查证后再定罪判刑也不迟。"李显听后更加生气，甚至想将宋璟一起问罪。宋璟毫不畏惧，坚持说道："那就请陛下先将臣斩首吧。不然我不能遵从您这样随意给朝廷命官定罪的做法。"

李显不是昏庸之人，加上有上官婉儿在一旁劝说，于是就将死刑改成了发配岭南。

这使得朝堂上下嘘声一片，众人从此在武三思和韦后淫乱一事上装聋作哑，再没人向李显上奏过。

而那些在私底下议论的人，或者是跟武三思保持距离的人，都会遭到他的报复。他像是完全变了一个人，心胸狭窄，毫无原则，冷漠暴虐。武皇当政的时候，他还是有所保留的，在处事上也谨慎小心，从未留下过话柄。但如今想来是大权在握，中宗李显又事事仰仗韦后，韦氏一族在朝中更是权势日盛，武三思基本上是在肆无忌惮地排除异己、构陷忠良，与当年的来俊臣之流没有区别，其政治野心也丝毫不亚于张昌宗兄弟。

上官婉儿从他身上感到了危险的临近。顾念旧情，她找到了武三思，希望能劝说他收敛自己的锋芒，以免多行不义必自毙。武三思听到昔日情人苦口婆心的劝告，没有动容，冷语道："上官娘娘何出此言呢？我武三思在你眼中向来都是如此啊。现在正是我蒸蒸日上之时，我希望你不要阻拦我。"

"你这也叫蒸蒸日上？靠踏着别人的前途和生命往上爬。你是被功名利禄蒙蔽了双眼。难道你坐到现在的位置还不满足吗？"

上官婉儿的话已经说到这个份儿上，武三思仍然态度强硬，毫不领情。她感到一种深深的哀伤："难道我在你心中就如此不堪吗？我真的是为了你好。"她感到自己都快哭了。

"是的，你在我心中和皇后没有什么区别。"武三思其实想说的是，有好几次，他都想要奋不顾身地爱她，但最终还是因顾虑重重而放弃了爱她。

上官婉儿强忍住眼角要滴落的泪水："那武大人好自为之吧。"她明明能拯救一个溺水的人，却因为对方强硬拒绝，也只有作罢了。闭上眼睛，她似乎看到了武三思那不太光明的未来。

随着武三思日益张扬跋扈，在朝堂中树敌众多，总会有人密谋除掉这个不可一世的梁王，他终有一天会迎来惨淡收场的命运。以武三思的才智是不会预料不到这样的结局的，他也明白上官婉儿话中的深意，只是武家人憋屈了好几年，甚至被两个男宠随意欺侮，现在正是扬眉吐气的时候了，不论结果如何，他都乐于奉陪。

第六节

永除后患

李重福隐隐感到不安，不知道该如何回复太子李重俊寄来的书信。要说对韦氏的恨，没有人比他更强烈了。因为他的妻子是张昌宗的侄女，韦后就认为他也参与了当年张氏兄弟陷害大哥李重润和妹妹李仙蕙的事。他真是有口难辩啊。虽然李重润兄妹是韦后所生，而自己的生母不过是当年王府的一个侧室，但好歹他们也是有血缘关系的，他怎么可能事先串通张昌宗兄弟谋害他们呢？

本来皇上是不愿意相信韦后这样的揣测的，但不知为何，安乐公元联合韦后总是在宫中散播这样的谣言。时间长了，皇上自然也开始疏远他这个二儿子了。按照祖制，他是太子的不二人选。这下倒好，不但没能当上太子，还被贬官到地方去任职，连个王爷的名号也被削了去。

除掉武三思谈何容易啊？虽然身在地方，但李重福也深知武三思与韦后的关系，想到自己身怀六甲的妻子，他还是决定偏安此地，起码能够保证家人平安。

太子李重俊看到二哥李重福婉拒的书信，拍案哀叹："我们兄弟四人，我和二哥关系最好，都对韦氏的骄纵和偏袒有所不满，如今我想铲除韦氏和武三思，二哥居然不来帮我。"

"那四皇子李重茂呢？"门客建议道。

李重俊摇摇头，四弟年纪太小，不能轻易涉险。他自然知道，此次兵变并不一定会成功，所以必须保全一个兄弟，不然以后的天下就是韦氏和安乐公主的了。

李重俊之所以身在太子之位还想发动政变，不外乎是因为妹妹安乐公主居然想要取代他的太子之位，还向父皇说要做皇太女。他自然是了解自己妹妹的，纵然再骄纵也不会有这样逾矩的想法，肯定是武三思让儿子武崇训在背后教唆她的。幸好上官昭容在父皇面前谏言说万万不可，再加上一向受器重的宰相魏元忠也坚持不可行，最后才作罢。

但李重俊已经从安乐的这一举动中感受到危险临近了。他可不想像二哥李重福那样不声不响地就被遣走，永远地离开京都。他既然已经成为太子，以后就要登基做皇帝。他发动政变不会伤害父皇，只是为了杀掉武三思和韦后，永除后患。

既然兄弟们没有能够帮上忙的，他便找到了宰相魏元忠。李重俊虽然不算是什么特别贤德之人，但也对魏元忠的正直早有耳闻，加上前几日他坚持保住了自己的太子之位，便想着姑且一试。

谁知道二人一拍即合，魏元忠早就对专权的武三思多有不满，一直想找机会除掉他。于是，魏元忠又找到了当年参与“神龙革命”的李多祚大将军，几个人便开始密谋着兵变当天的事宜，众人同仇敌忾，都想除掉武三思和韦后。

公元707年的一天深夜，太子李重俊带人闯入了武三思的府中。睡梦中的武三思父子被兵马闯入的喧嚣声惊醒，武三思看到窗外有大片火把，心中一惊，赶紧穿好衣服走到门外，呵斥道：“是谁如此大胆，深更半夜胆敢擅闯梁王府。”

“武三思，你这狗贼，拿命来吧。”太子李重俊喊道。

武崇训这时也从室内跑了出来，安抚道：“太子，您这是跟我们开玩笑呢吧？你我相熟一场，何必如此呢？”

“少跟我套近乎，今天就是你们父子的死期。”

武三思父子见对方人多势众，而自己府中的侍卫不过百人，肯定不是对方的对手，想着还是走为上策，便赶紧逃到室内，紧闭房门，先让自己的家丁和士兵稳住太子的人。

武三思要武崇训赶紧叫安乐公主去搬救兵。安乐公主是李重俊的妹妹，即使被发现，他也定不会伤害她。于是，武崇训就叫安乐公主乔装打扮一番，从后门偷偷溜走了。

武三思父子在心中期待着安乐公主能早点儿搬救兵过来，只听着院中的厮杀声越来越低，他们知道是自己的家丁被打败了，毕竟对方人多势众，这样硬碰硬是撑不了太久的。

李重俊带着一队人马杀了进来，破门而入，武三思和对方招呼了两下，但终究敌不过对方的真刀真枪，被李重俊手下的士兵粗暴地斩下了首级。武崇训见到父亲被杀，心中悲戚，也知道回天无力，便做好了赴死的准备。李重俊念在他做过太子宾客的情分上，给他留了个全尸。武三思父子就这样命丧黄泉了。

安乐公主神色匆匆地来到宫中，向中宗和韦后报告了太子带人到梁王府的经过，恳求中宗发兵去救武三思父子。而此时，上官婉儿已经闻讯赶到了，正碰上来通传的宫门守卫，说太子和魏元忠等人已经到了宫门。

“这个逆子，他都说了什么？”中宗问守卫。

守卫回答：“他说已经杀了武大人和驸马，请求您废皇后为庶人。”

安乐公主听到丈夫已经被杀的消息，忍不住号啕大哭，请求中宗为自己做主。上官婉儿也没有想到魏元忠居然会作出这样极端的事情来。太子年幼不懂事，他难道也不懂事吗？尽管韦后和武三思的行为很不好，但肯定可以有更理智的解决办法的。

“告诉守卫，严守城防，若是失手，就提头来见。还有，把魏元忠的儿子魏升叫来。”

上官婉儿见韦后和安乐公主乱作一团，便只有领命将中宗的旨意传达下去。守门的侍卫连连应诺，赶紧飞奔回宫门。而太仆少卿魏升也即刻来到中宗的面前。

想来他也听说了自己父亲和太子犯上作乱的事情，当即表示自己绝对不会姑息这样的行为，即使是大义灭亲，也会保护皇宫和皇上的安危。李显甚是欣慰，便派了兵力给他，让他去剿灭叛贼，并承诺可以饶恕魏元忠的死罪。

感恩戴德的魏升本以为要和父亲兵戎相见，如今有皇上的这句话倒是放心了。一到宫门外，他就劝说父亲魏元忠放弃抵抗，说皇上会饶他不死。魏元忠不忍心伤害自己的儿子，便有些犹疑。李多祚见状也不好发兵，太子这边本来高昂的士气突然涣散。魏升的士兵却骁勇善战，杀了很多他的人。李重俊便叫手下杀了魏升，以防魏元忠变节。谁知道，低迷的士气却无论如何都无法提起来了，魏升虽死，但其手下却势如破竹，将李重俊的人杀得落花流水。无奈之下，他只有带着伤兵残将逃到郊外，他手下的亲兵看大势已去，便趁机斩下了李重俊的首级，献给了中宗李显，以求不死。

李显看到自己又死了一个儿子，心中有些难过，但想到他对皇后和女儿安乐的伤害，还是觉得不能姑息。安乐公主劝说中宗，希望能够用太子的首级来祭奠死去的武三思和武崇训。李显迟疑了一下，同意了安乐公主的建议。上官婉儿认为不可，但这次李显没有听从她的建议。失去武三思的韦后并没有婉儿想象的那么难过，她不过是以此为借口来铲除那些对自己有异议的人。婉儿感叹，中宗心中终归觉得有愧于韦后，总想着尽全力去弥补韦后和孩子们，而正是这份愧疚感助长了韦后的野心。

第九章

政变中的香消玉殒：红颜薄命，被斩旗下

昭容居危以安，处险而泰。且陪清禁，委运于乾坤之间；遽冒钴锋，亡身于仓卒之际。时春秋四十七。皇鉴昭临，圣慈轸悼，爰适制命，礼葬赠官。太平公主哀伤，赙赠绢五百匹，遣使吊祭，词旨绸缪。

——大唐故婕妤上官氏墓志铭并序

第一节

安乐公主的计谋

当安乐公主平静地离开皇宫，为自己的丈夫准备葬礼的时候，上官婉儿有些诧异。这样一个骄纵的公主，在丈夫被杀的时候居然没有央求最疼爱他的父皇李显追查到底，甚至在魏元忠没有被处以极刑，只是照例被贬官发配时也没有反对。安乐公主这样做是在讨李显的欢心，因为毕竟魏元忠是他最钟爱的臣子，而且他的儿了魏升也为抵抗李重俊谋反因公殉职了。儿子的功劳足以抵偿魏元忠的死罪了。安乐公主甚至没有求助于她的母亲韦后，要对其他人的家人斩草除根，这不符合她的个性。

李显又失去了一个儿子，只是因为他的儿子觊觎他的皇位，想要伤害他的妻子和女儿。想到这里，他就觉得这是一个巨大的讽刺。身为皇家子弟的悲哀就在于此吧。大儿子李重润因两个男宠而命丧黄泉，二儿子重福也有伤害重润的嫌疑。现在，他只剩下年幼的李重茂了。李氏一族如此凋零，上天对他实在是太过苛责了，难道他这一生受的苦还不够多吗？

宫中的每个人都沉浸在悲伤的情绪中难以自拔。上官婉儿苦劝过武三思，但他不听，才招来今日的祸患。毕竟和他有过一段情，她为他身首异处的结局而痛心。

太平公主和李旦在第二天才得知李重俊谋反的事情。两个人急忙赶到皇宫中，想要跟自己可怜的哥哥说些体己话。但李显谁都不见，上官婉儿没有办法，只得向他们回禀了。

“婉儿，显哥哥是不是太伤心了？”太平公主哀伤地说，“你告诉他要保重龙体。”

李旦双手背在身后，缓缓踱着步子，长吁短叹：“李家是受到权力的诅咒了。”

上官婉儿不明白为何李显不想见他最亲近的弟弟、妹妹，这时候他正需要家人的陪伴。此时，安乐公主还在里面和李显谈着什么，甚至避开了她。近日来，安乐公主是李显唯一愿意见的人。

婉儿不知道李显有没有在心中怀疑过韦后与武三思的关系，但他在太子发动兵变只为废掉韦后的事件后不想见韦后，这可能也多少证明他是有点疑心的，起码不如先前那样坚定地相信韦后了。而安乐公主作为整件事的受害者，更激起了作为父亲的李显对女儿的疼爱和怜惜。

看到安乐公主声泪俱下地下跪央求，婉儿知道，这才是那个张扬跋扈的公主，她先前的不声不响不过是为了现在的发作。李显表现得很为难，他只是无奈地点点头，就示意安乐离开了。

这些都是上官婉儿在不经意间看到的，她一直守护在门外，不分昼夜地照顾李显。

“太平和旦有谋逆之心。”

这几天一直不言不语的李显，开口跟她说的第一句话居然是这个。婉儿明白了，这大概就是大唐如今最得盛宠的安乐公主的权术。

“显，我没想到你会相信这样的话，而且不过是些微不足道的言语。”对于她而言，太平公主和李旦的重要性丝毫不亚于李显，她不想看到李家最后的几个亲人再自相残杀。

“作为皇帝我不能徇私，我会去查的。宣兵部尚书宗楚客进宫。”

这个宗楚客是武三思的人，上官婉儿在武三思府中多次见过这个人。在武三思和韦后勾结之后，他在朝堂上不遗余力地帮助韦家的人排除异已，帮助武三思除掉政敌。李显是对韦后太过信任了，屡屡给宗楚客升官，如今甚至要晋封他为同中门书下三品了，位同宰相。

如果是这个人负责太子的谋反案的话，那太平公主和李旦恐怕不能全身而退了。

身为皇帝的妃子，她有资格去参加李显和朝臣的谈话，她信步走了进去，决定一探究竟。

“微臣不敢多说，但安乐公主所言的确属实。太子在兵变前还特意给太平公主和相王李旦写了信，密谋这件事情。”宗楚客的嘴脸让上官婉儿生厌。

“你有何证据，信件何在?”上官婉儿忍不住质问道。

“上官娘娘，我只有信件的副本，原件已经被销毁了。这是我的密探手抄得来的。”宗楚客早已从安乐公主处得知上官昭容的敏捷犀利，所以早有防备。

李显听他说有信件，心便凉了一半。他想这个宗楚客肯定不会大胆到伪造一封信去构陷公主和王爷的地步。

婉儿与李显的看法不同，她哭笑不得地说：“皇上，难道你就因为一个官吏随口胡诌的话，还什么信件副本，就相信了？哼哼，这是当朝天子该有的判断力吗?”

听到上官婉儿这样说，李显暴跳如雷，扬起手给了她一个巴掌。这一切都发生在一个朝廷命官的面前，上官婉儿感到极大的侮辱，她不想再参与这样滑稽的讨论，索性扬长而去。这是第一次李显这样粗暴地对待她。

婉儿第一时间到了太平公主府上，李旦随后赶到，三个人聚在府中商量对策。太平怎么也没想到，安乐公主居然胆大妄为到想要谋害他们，看来她想做皇太女的心还未死。不能坐以待毙，不能，李旦在心中一遍一遍地重复着这样的话。他多年来忍辱负重，即使母后随意处决了他的两个妃子，他也稳如泰山，表现如常，只为了有一天能够守得云开见月明。如今，好不容易李家人重新夺回了江山，他还没来得及享受战果，就要败在一个黄毛丫头手上，他不甘心。

“我去找御史中丞萧至忠。每次这种皇亲重案都会委派他做主审官。”太平公主说道，她早已经坐不住了，必须赶紧行动。

“显会不会反其道而行之呢？”李旦善意地提醒，他不愿意她们把精力放在不重要的事情上。

“不可能，以我对他执政方式的了解，他多是中规中矩的。”有了上官婉儿这句话，他们心里就有了底。太平公主带着人，深夜拜访萧至忠去了。

果然，第二天李显找到了萧至忠，要求他彻查太平公主和相王李旦谋反一事，但萧至忠坚持此案疑点颇多，立论不足，不能定案。李显用皇帝的权威压他，要他必须审理。萧至忠想到昨夜太平公主的拜访，知道这是安乐公主和韦后的阴谋，他不能让她们得逞。想到李家最值得信赖的公主和王爷被韦后这样陷害，江山社稷刚刚稳定，吐蕃的兵乱刚刚因金城公主和亲才解决，实在是不该再这样内耗了，堂堂七尺男儿萧至忠居然哭了：“圣上坐拥天下，怎么不能容忍一弟一妹呢？而且竟然能够允许别人随意罗织罪名诬陷他们。多年的手足之情，您难道忘记了？”

李显听到这样的谏言，内心有所触动。他想：自己难道真的是被宗楚客这样的逆臣骗了吗？但他在心底还是不愿意相信最疼爱的女儿安乐会欺骗他。于是，李显便将此事压了下去，从此以后再也不许人提及，违者以重罪论。

一场政治风波就这样平息了。幸好李显在心中顾念手足之情，才不至于发生手足相残的悲剧。而安乐公主和姑姑太平公主之间的矛盾完全公开了，两派之间势如水火。

第二节

对韦后的弹劾

李显手足无措地站在上官婉儿的卧房外，他有些紧张，但内心却有个声音一直在说：去向你的上官娘娘求得原谅吧！他知道自己不该打她，尤其是不该在一个官员的面前，这对她是一种很深的伤害。婉儿不是寻常的女子，又贵为皇妃，多年来苦心经营的威信就这样被他一掌打没了。况且，她完全是为了他好，不想让他成为不辨是非的昏君，而是要努力辅佐他成为一个贤德的君王。

他们都已经不再年轻了，没有过多的时间可以浪费，他鼓起勇气走了进去。

上官婉儿早就听到了门外的脚步声，只是佯装不闻，躺在床上和衣而睡。尽管闭着眼睛，她还是用耳朵努力地聆听房间内外的动静。

她感到李显坐到了自己的身边，轻轻抚摸她乌黑的发丝，心疼地说："你都有好几根白头发了。"

上官婉儿继续假寐，根本就不理会李显的话。李显轻轻将手放在她的双肩上，温柔地摇晃她："我的昭容，我错了。"李显已经好几天没有和上官婉儿亲近了，她总是故意躲着他，不理他，这让他很难过。他今天是放下如山的公文特意赶来的。他知道婉儿的母亲去世了，她心中难过，他必须尽一个丈夫的责任了。

婉儿一向坚强，以前即使是受到再大的委屈也独自吞咽眼泪，从不在别人面前表现出软弱。但现在想来是被李显宠坏了，加上女人年纪大了，反倒是喜欢直白地表达自己了。本来李显就伤害了她，母亲的离去无疑使她受伤的心雪上加霜，她已经连续几个晚上没有好好睡觉了，一闭上眼，脑海中就是那些过往的回忆，让人痛苦。甚至，她都没有能够见上母亲最后一面，这是为人子女最大的不孝了。

李显见上官婉儿还是不理自己，正想着就离开吧，等她心情好些再说，突然，他感到一双柔软的手环住了他的腰，她扑到了他的怀中，失声痛哭。这是他有生以来第一次目睹这样脆弱的上官婉儿。心中悲戚的李显，不停地轻拍她的肩膀，喃喃道："好啦，有朕宠着你、爱着你，天大的事情都会过去的。"

上官婉儿没想到自己在这样的情景下，还能接受李显炽热的吻，以及大胆热烈的抚摸和温存。李显认为，这是能给予一个女人的最深的爱护。上官婉儿感到，自己对李显的感情已经发生了变化，似乎渐渐有了种类似亲人的依赖，说是爱情却又不像，但跟他在一起的感觉确实踏实而安全，这是以往生命中的那些男人未曾给过她的。

就在李显和婉儿如胶似漆之时，韦后却独守空闺了。感情的事情从来就没有什么公平可言，三妻四妾于帝王而言更算不上什么新鲜之事。她已经因为报复而把自己给了武三思，如今武三思却死了。她时常会处于无法平复的嫉妒和仇恨中。

她的情欲就如同她对权力的渴望一样，无法遏制。既然李显无法满足她，她就需要再去寻觅符合条件的男人。这种厚颜无耻的偷情又开始了。她甚至会让女儿安乐公主去为她物色男人，就像当年太平公主为武则天进献男宠一样。安乐公主自幼和韦后亲近，居然也背着父亲李显做起了帮助韦后偷情的事。自从上次诬告太平公主和相王李旦失败后，安乐公主就刻意加强培植自己的势力。宗楚客则在韦后的指示下，极尽所能地和安乐公主一道在朝中大力发展自己的势力，大有要和镇国公主太平分庭抗礼的意思。但韦后和安乐公主毕竟刚刚站稳脚跟，回到宫中不过几年，而太平公主自武皇当政起，就已经有极高的声望，两派的力量不可同日而语。

安乐公主想要做皇太女，这个愿望从太子李重俊死后就更加强烈了，小小年纪的李重茂对她根本就构不成威胁。但是李显却铁了心不让她做这个皇太女，她只有想方设法壮大自己，以求父皇能够改变主意，同时跟韦后母女连心，共同扶植党羽。一时之间，朝中两派斗争不断。

此时，一个叫燕钦融的地方小官给中宗上书，指责韦后淫乱宫廷，肆意干预朝政，请求中宗予以处理。李显没想到一个地方的芝麻小官竟有这样的勇气过问宫中之事，在好奇心的驱使下，便派人把这个燕钦融接到了宫中，想当面询问他。上官婉儿对李显这样的举动很赞赏，天子犯法当与庶民同罪，即使是皇后，如果遭到他人弹劾或是指责，也应该调查。

上官婉儿侍立于中宗之侧，燕钦融行完叩拜之礼后，正要向中宗说明自己上书的原因和掌握的事实，韦后和安乐公主就急不可耐地赶来了。

“你凭什么指责我犯罪了，无凭无据，你诬陷、诽谤当朝皇后，罪名更大。”韦后镇定自若地说。

“微臣只是据实上奏，请皇后回避。”又是一个刚正不阿的人，上官婉儿心中惊喜。

哪知韦后听到燕钦融这样说，气急败坏地命令身边的侍卫道：“给我拉下去。”

那些侍卫是韦后的亲信，只听韦后一个人的话，二话不说就要拖燕钦融走。燕钦融自然是不肯的，在争执之间，侍卫竟将燕钦融托起，只见身材矮小的他双脚离地、拼命挣扎，侍卫二话不说就将他推到宫门外几十层的台阶下。中宗和上官婉儿正想制止，却听到燕钦融一声惨叫，这个弹劾韦后的官员就这样死了。

李显脸上神情凝重，不快地说："看来皇后比我的权力还要大，我还没说让他死，你就命令自己的侍卫处死了他。"

上官婉儿很少见到中宗对韦后这样不留情面。只听韦后哭诉道："圣上你说过要永远对我好的，这个人分明是要毁掉我的名节。难道你因为有了新欢，就对我坐视不管了？"

婉儿自然明白韦后所指的人是自己，她有些尴尬。但韦后声东击西的方法未免拙劣，中宗当面拆穿了她："你不要拿婉儿当借口，转移我的注意力，我还没糊涂。你和安乐最近别总是无事生非，你的家奴做的那些坏事别以为我不知道。"

韦后和安乐公主母女二人就这样自讨没趣地被中宗说教了一通，悻悻地退下了。看着李显有这样的举动，上官婉儿很开心，她再也不用担心李显会被韦后母女摆布了。经过了那么多事情，李显显然还在严守着自己的底线。

而安乐公主却嫉妒不快，向同样怒火中烧的母后提议除掉上官婉儿。韦后不无悲哀地摇头道："即使除掉一个上官婉儿，还会有第二个，第三个。你父皇的心已经不在我们身上了。他心中只有李家的人。"

"我不服气。咱们不会就这样被父皇轻视的。"安乐公主想到失去权力和宠爱的日子就觉得恐惧。她要争夺，甚至冒险，只要能够得到梦寐以求的一切。

第三节

母女的合谋

韦后和安乐公主被中宗训斥后，非但没有收敛，反而更加胡作非为。韦后甚至公然和美男子说笑调情，后宫中的人都不敢目视。李显分明知道这样的事情，却多是睁一只眼闭一只眼。他对于妻子的放纵让刚刚才放下心来的上官婉儿感到担忧。尽管本朝的风气开放，但像李显这样纵容妻女的皇帝还真是闻所未闻。对此，上官婉儿和太平公主等人也是屡次进言。

比起韦后来，最让人头疼的还是那个骄纵跋扈的安乐公主。在丈夫武崇训死后不久，安乐公主就要求中宗将武崇训的墓尊为陵。中宗没有答应女儿的要求。一个未曾立过功勋的驸马怎么能够享受级别最高的墓地的名号呢？李显纵然是再软弱、再宠爱女儿，也不敢唐突到作出这样出格的事情来。

但安乐公主的欲壑难填却让人担忧。

这一天，安乐公主拿出一张空白敕书来，撒娇卖乘地要中宗盖上御印。

“裹儿，盖这印要做什么？”中宗无奈地说。

哪知道安乐公主假装生气道：“父皇，你不是说最宠爱我吗？那就盖嘛，女儿喜欢，要不我就生气了。”

“好好好，父皇盖上。”中宗笑笑，安乐公主撒娇道：“我就说父皇最疼爱我了。”

上官婉儿坐在一旁无动于衷，她早就私下里听说安乐公主在卖官鬻爵，恐怕就是通过这样的方式得到皇上的旨意的。现在朝堂上除了宰相和亲王，什么三教九流的人都有了。这个安乐公主分明是要毁掉李唐江山，只要给钱，她就会帮助对方弄到想要的官职。

她已经麻木了，为了这个安乐公主，她现在和李显的关系也是紧张的，再也没有前些日子的那种默契和恩爱了。

上官婉儿若有所思地走回自己的寝宫，特意绕道到了她和李显同游过的花园。花园中美丽依旧，但物是人非，她内心更觉得无限失落。这时，从假山后面传来一男一女调笑的声音，她循声轻轻走过去，发现躲在假山后面的竟是韦后和武延秀。

武延秀现在是安乐公主的驸马，为何会和韦后在此嬉戏呢？带着疑惑，上官婉儿以假山做掩护，想看看这一男一女究竟有什么秘密。

她几乎不敢相信接下来发生的一切。武延秀居然跟韦后搂搂抱抱，这亲昵的举动显然是在调情，根本不是在商谈什么秘密。这简直是有悖人伦，上官婉儿心中悲愤，便偷偷离开了这个地方。她要将眼前发生的一切告诉李显，让他知道自己一心一意维护的妻子和女儿都做了什么好事。

李显的反应比起她想象的要平静得多，他似乎已经看透了这一切，眼神中有浓得化不开的忧伤："婉儿，我想一个人静静。"

等韦后回到李显身边的时候，他悲伤地说："皇后啊，我自问没有亏待过你们母女，你们为何要把我逼上绝路才肯罢休啊!"

韦后不知李显所为何意，无辜地说："圣上想说的也正是我想说的。封裹儿为皇太女有何不可？你母亲不也当上了皇帝？裹儿再不济，也是我们的亲生孩子。难道要封李重茂不成?"

李显彻底绝望了，他真的后悔自己有这样的人生："你走吧，走吧，我不想看到你们。"

韦后不甘地说："我是皇后，这里就是我的家。"

"等我把皇位传给旦，你就不是皇后了。"李显愤愤地说。

第二天，韦后就跟安乐公主互通了消息。她们日日担忧的事情终于要发生了，不能让李旦坐上皇位，那样的话，她们拥有的一切都将化为泡影。

"我有一计。"安乐公主附在韦后的耳边，将自己的计划轻声说了出来。

“真的非要这样不可吗?”韦后还是有些心软，毕竟这可能是将她们母女打入万劫不复之地的险招。

“等母后做了女皇，我自然就是皇太女了，我是为了咱们好。还有那个上官婉儿，一定要把她看好，免得坏了我们的大事。”

母女俩就这样你一言我一语地合计了半天，整件事情只有武延秀和宗楚客两人知晓。

这天，韦后早早起来，吩咐御膳房自己要亲自下厨做饼给皇上，安乐公主为表孝心也和母亲一同烹制。当安乐公主双手发抖地将毒药放到面粉中的时候，她流下了眼泪。韦后捏了捏女儿颤抖的手，以示支持。等待饼子做好，母女两人相携着走到了神龙殿。她们从太监处得知，中宗正在批阅奏章。本来上官婉儿也应该在场陪同的，但此刻她们派去的武延秀正在跟上官婉儿忏悔自己的罪行，请求宽恕。而待韦后母女进入神龙殿后，宗楚客就带着几个亲近的侍卫在不远处把风观望。

中宗见韦后和安乐笑靥如花地出现在自己面前，有些不耐烦，他不想再跟她们多费唇舌了，便说道：“你们走吧，我不会答应立皇太女一事的。而且下午我就要召集群臣，立旦为皇太弟，以后继承皇位。”

韦后心中舒了一口气，还好她们先下手为强，现在一切还来得及：“皇上，我跟裹儿是来跟你道歉的。这些日子我们确实太过分了，作为你的至亲，我们应该为你分忧的。”

“是啊，父皇。你瞧，我跟母后还特意做了您最喜欢吃的饼子，聊表歉意。您就原谅女儿吧。”安乐公主说着就将手中的食盒扬了扬。

中宗尽管为韦后的背叛而痛心，但每每想到多年来她和孩子们跟着自己吃的苦，就会原谅她。加上今天韦后和安乐来诚恳地道歉，他有些释然道：“知错能改就好，我们还是一家人。”

安乐公主便将食盒轻轻地放在中宗的面前，体贴地说：“父皇，这要趁热吃，凉了就不好吃了。”

中宗闻了闻食盒中散发出的香味，随手拿出一个小饼咬了一口。韦氏感到很紧张，甚至有想要放弃的冲动：“皇——皇上——”

“怎么了，皇后?”

安乐公主重重地看了韦后一眼，韦后摸着胸口，故作镇定地道：“皇上，我是说，慢慢吃，别烫着。”

看到中宗一连吃了七八个饼子，还不停地称赞饼子的口感极好，韦后和安乐公主便离开了神龙殿，到韦后的寝宫静待事情的发展。

出来的时候，宗楚客特意禀告道：“没人知道皇后和公主来过这里，微臣连眼睛都没敢眨一下。”

不出半个时辰，中宗就感到疼痛难忍，整个人坐立不安，他本以为在榻上躺一会儿休息下就好了，却没想到剧烈的疼痛感一阵阵地袭来，他痛得在榻上乱滚。服侍李显的宫人急忙通报了皇后和上官昭容。

上官婉儿此刻正在听武延秀讲述自己如何不小心爱上韦后，又如何克制自己而不得的经过。他希望上官娘娘能帮助他摆脱这样的折磨，即使是死，他也情愿。上官婉儿念在他有心悔改，也打算尽全力向皇帝求情，饶他不死。却不想，宫人禀告了李显龙体抱恙的消息。

她急忙朝神龙殿的方向赶过去。在上官婉儿没有赶到之前，韦后就差人拿走了食盒，并假意关切道："皇上，您怎么了?"

中宗指着自己的嘴，疼得说不出话来。韦后这才急召太医来医治。太医和上官婉儿几乎同时赶到，可他们看到的却是已经断了气的中宗，他口吐白沫，死状凄惨。

第四节

草拟遗诏，立皇太子

李显的死是上官婉儿始料未及的，她不相信一向身强体壮的李显会突然暴毙，这太不合常理了。她想到武延秀为何会正巧来自己这里祈求原谅，她与武延秀素来没有交情，况且她对其父武承嗣也多有诟病，这里面一定有阴谋。她甚至怀疑李显是被人谋害的，而韦后的嫌疑最大。但是她没有任何证据，只是凭直觉猜测而已。上官婉儿决定隐而不发，以防打草惊蛇。

同样对此事持怀疑态度的还有太平公主和相王李旦，他们又一次失去了一个至亲。现在，武则天和唐高宗的这一代皇子中，就只剩下他们兄妹相依为命了。太平公主执意要看一眼李显的尸体，尽管多方劝阻，她仍然希望能够最后看一眼自己这个老实的兄长。而正是这一眼，她更加确信李显的死并没有那么简单。口吐白沫分明是中毒所致。

眼前悲悲切切的韦后让婉儿心生厌恶，她觉得这一切不过是韦后在演戏罢了。

李旦身为李家唯一可以仰仗的男人，终于在持久的沉默中发声了："当务之急是择立新君，并办理皇上的葬礼。"

"相王所言极是。"上官婉儿附和道。

安乐公主正想提及让韦后登基，李旦就提到了新君的问题，可谓正中下怀。

王公大臣们分成了两派，执掌大权的韦温自然站在妹妹韦后这一边，支持女皇登基。而其他人分成了几派，有支持太平公主的，也有支持相王李旦的，更有人要求按照惯例和祖制办事。

就在众人争吵不休的时候，太平公主以心口疼为名将上官婉儿和李旦叫到了偏殿。

当被问及李显有没有立诏书传位给谁的时候，上官婉儿摇了摇头。

"就让重茂登基，旦哥哥辅佐，以制衡韦氏。以后的事情我们可以从长计议，现在要先稳定政局。"

上官婉儿赞同，李旦也当仁不让："看来是我出马的时候了。妹妹、婉儿，你们放心，我不会让韦氏得逞的。"

"为防韦氏一派反对，就说是皇上订立的诏书，你们以为如何？显的印章就在我这里。"上官婉儿说着从宽大的袖口中取出李显的印章，"幸好前天晚上有个重要军务要处理，显给了意见，就让我暂时保管这印章。”

如今是万事俱备，只欠东风了。上官婉儿做起了自己一贯熟悉的工作，快速拟好诏书，盖上印章，便同太平公主和相王李旦回到了议政厅。

众人围绕着“立储君”的问题争吵不休，没有任何结果。

“可惜的是，皇上没有留下遗诏。不然的话，完全可以遵照遗诏办事。”韦后假装惋惜地说。

韦后的话音刚落，上官婉儿就拿出了那张诏书，宣布道：“皇上留下诏书，在我这里，请各位过目。”

上官婉儿的话无疑给现场造成了不小的震动。韦后惊讶于李显竟然会留下诏书，她从来没听李显提起过。她从上官婉儿的手中拿过了诏书，上面白纸黑字写着让李重茂当皇帝，只有相王李旦一个人为摄政王。

韦氏故意讥诮道：“就怕是有心之人伪造的。重茂年纪小，离不开我这个母亲。”

宗楚客趁机说道：“皇后也理应辅政，和相王共同辅佐，才能保证幼帝能够顺利治理国家。”韦家的支持者纷纷表示要韦后和相王共同辅玫。

李旦等人没有办法，只得同意了韦后的要求。毕竟，朝堂上有一大半的权力都掌握在韦家人的手上，如果不给她权力，恐怕韦家人会生出异动，到时候局势的发展更难以预测，恐怕会对他们不利。

其实，就在韦后母女密谋害死李显的同时，她已经让自己的哥哥韦温秘密调集兵马共计五万人进驻长安城，并特意指派自己的亲信统领这些兵马，以防事情有变，还能留下退路，不必死在这皇宫中。

如今，占有先机的韦后早已将长安城牢牢控制在自己手中，宫中的总管和重要职位也多由韦家的子弟担任。她甚至派人到了谯王李重福所在的荆州，逼迫他自杀，以减少一个潜在的皇位争夺者。而即使是洛阳东都，韦氏的哥哥也已经派了人过去留守。

这样消息都是李旦和太平公主的门客渐渐从各处打探到的。他们现在能做的只有先扶植李重茂登基，靠着他们的力量尽量制衡韦后。

而上官婉儿所在的深宫俨然成为一个监狱，她被韦后的党羽秘密地监视了，一举一动都不自由。她失去了李显在世时的权威，不再享有过问朝政的权力，成为韦氏手上的一个阶下囚，只享受着名义上的自由。

在安排好中宗的葬礼之后，就到了太子李重茂登基的时候了。太平公主和李旦为防止韦后这边有异动，也特意调集了自己的亲兵在宫门外守候，以防止发生政变。韦后得知李家人要和她抗衡，便决定先顺利完成李重茂登基的仪式，但她作为皇太后显然享有比李旦更多的权力，并能随意摆布李重茂。只有十五岁的李重茂向来害怕韦氏，上官婉儿他们费尽心思立的皇帝，根本就是形同虚设。

上官婉儿得知李旦和太平公主现在束手束脚，很不甘心。在她的眼中，韦后和武则天相去甚远，她不认为韦后有这样的资格来成为武则天第二。她要发起自己的抗争。

在李显书房端坐的韦后很有帝王的架势，这让婉儿感到厌恶，她径直走了进来，也不行礼，便道："皇太后好雅兴啊，怎么想到来先帝的房间？是睹物思人吗？还是来寻求心灵的慰藉？"

"上官婉儿，以前有武皇和显护着你，你还算是规矩守礼。现在倒好，他们都死了，你反倒不讲礼节了。你好大的胆子，要不要我送你去见先帝？"

上官婉儿也索性打开天窗说亮话："是你，对不对？是你害死了李显？"

"瞧你左一句李显，右一句李显的，连皇上都不叫了。看来你真是狐媚惑主。"

上官婉儿知道韦后是在故意激怒她，根本不打算回答她的问题："你不回答，就是默认了。不必故意激怒我，转移我的话题。"

"我没有必要回答你，上官娘娘，请回吧。"韦后背对着上官婉儿，下了逐客令。韦后感到自己的眼眶湿润了，她发誓，这会是她最后一次流泪。

上官婉儿回到了自己的寝宫中，寝食难安。权力居然能让一对患难夫妻相残到这样的地步，她好恨。她一定不能让韦后得逞，她告诉自己：一定要想到一个办法，帮助太平和李旦。

第五节

为权力殉葬

登基之后的李重茂没有睡过一天的安稳觉，每天晚上都是从噩梦中惊醒，之后辗转反侧难以入眠。梦中的他总是看到韦后拿着一杯毒酒硬往他嘴里灌，他拼命地反抗却无济于事。他在梦中见到了姑妈太平公主和叔父李旦，他向他们求救，但他们却看不到他，只从他身旁冷漠地走过。

“我不要做皇帝。”李重茂呼喊着从梦中醒来。

“恐怕这由不得你。”姐姐安乐坐在他寝殿的梳妆台边，对镜自照。

“安乐姐姐，你怎么来了?”

“这皇宫本来就是我家，我想来就来，你管得了吗？我警告你，现在你不过是个傀儡，该说什么做什么，最好要有分寸。”

李重茂在安乐公主面前表现得很顺从，他唯唯诺诺地点着头，生怕这个凶狠的姐姐会要了自己的命。父皇已经死了，再也没有人爱护他了。从小他就没在韦后那里得到过一点母爱，自己的母亲也因韦后的好妒而死于非命，他怀着满腔的仇恨却无法复仇，还要作为她的儿子而尽孝道。如今，他已经完完全全成为韦后实现自己野心的筹码。他有时候真想去死，但又下不了手，他还那么年轻，有很多的事情都没有做过。

昨天在朝堂上，宰相宗楚客和太常卿武延秀、司农卿赵履温、国子祭酒叶静能等人，纷纷请求太后韦氏仿效武则天登基称帝。他们分明是当他这个皇帝不存在。叔父李旦虽表示反对，但他微弱的声音早已被这些阿谀之徒的奉承之词淹没了。

“圣上您有何意见?”宗楚客最后还是问了他，但分明是要听到他对太后的支持。

他不想回答，但看到韦后犀利的眼神，他屈服了：“我也认为母后可以当此大任，我实在是没有帝王之才。”

对于帝王，说出退位让贤的话真是一种屈辱。现在，他早上一睁开眼睛，还要面对同父异母的姐姐安乐公主的奚落和威胁。对于一个十五岁的少年来说，他承担了太多太多。

此刻，太平公主如坐针毡，正焦急地等待着。她派去宫中的人还没有回来，不知道宫中现在的情况如何。

过了好久，她的人回来了，捎给她的是上官婉儿的一封密函。

上官婉儿提议太平公主最好能先发制人夺权。韦后的哥哥韦温和宗楚客频繁入宫见韦后，恐怕将要生变。现在的皇宫于她而言完全是一个监牢，处处都是韦后的人。

太平公主没想到韦后已控制了皇宫。上官婉儿不过是先帝的一个昭容，没有政治力量支持她，她单枪匹马怎么可能是韦后的对手。太平公主让人给婉儿捎口信，只希望她静待他们破宫而入，将她救出来。

太平公主速速召集了侄儿李隆基和儿子薛崇简等人商量兵变的细节。这一大胆的提议得到了临淄王李隆基的热烈回应，他说道："姑母，你放心，我一定要韦氏那个妖后还我大唐江山。"

公元 710 年 7 月 22 日，李旦的儿子李隆基发动了著名的"唐隆政变"。刘幽求在这一夜的时间内主要负责发出各种敕令，命令手下的人将韦姓和武姓的专权外戚通通抓住，就地正法。这样，当韦后想要求助的时候就会发现自己已经处于孤立无援的境地。

同时，李隆基按照约定的时间，身穿便服进入禁苑，按时到达苑总监钟绍京的府邸。可本来已经答应追随的钟绍京临时反悔，拒绝从旁协助李隆基发起政变，幸而最终钟绍京的妻子坚决逼丈夫参加改变。之后，李仙凫、葛福顺、陈玄礼等军官和刘幽求各就各位，等李隆基一声令下，数万名羽林军杀入了皇宫。

上官婉儿听到外面的喊杀声，内心惊喜，知道是太平公主的人已经行动了。她赶紧从床上坐了起来，梳洗打扮，准备迎接胜利的将领们。

李隆基边进攻，边高呼着“韦氏毒死先帝，谋危社稷，今夕当共诛诸韦”的口号，宣称自己是替天行道的正义之师，因此众多守卫皇宫的士兵纷纷倒戈投入李隆基的阵营。宰相宗楚客还在韦后宫中商量对付李家人的计策，却不想外面已经火光冲天，宫人纷纷大喊：“临淄王李隆基杀过来了。”

“太后，还是躲一躲吧，微臣掩护您。”宗楚客慌张地说。

韦后没想到李隆基行动会如此之快，心中自然恐惧，便接纳宗楚客的提议，二人相伴着逃跑了。谁知本以为很安全的飞骑营，里面的将领也多是她一手提拔的，却有人站出来杀了宗楚客。

韦后战战兢兢地说：“不要杀我，我给你封王。”

谁知那个飞骑兵回答道：“我们士兵只想过安稳的日子，你这妖后，给不了我们。”话毕，他就斩下了韦后的首级，准备进献给李隆基。

此时，身在别院的安乐公主还沉浸在对未来的畅想中，她身边是一个面容秀丽的美男子，是一个宠臣献给她的礼物。她根本不知道正殿上所发生的一切，正在享受着这个美男子带给她的快乐，不想此时门外一阵响动，她正要起身看发生了什么，就看到一个身穿盔甲的人手持一把剑朝她挥舞过来，她只感到头部一阵剧痛，就倒在了一片血泊中。旁边那个衣衫不整的美男子吓得晕了过去。

韦后和安乐公主都被斩杀了，李隆基的政变获得了意想不到的成功。上官婉儿率领自己宫内的宫人手持烛台，列队迎接这个年少气盛的王爷。她笑着走向李隆基和他身旁的刘幽求，手里拿着那份自己立下的诏书。

刘幽求将那份诏书交给李隆基，上官婉儿见他眉头紧锁，指着她说道："此婢妖淫，渎乱宫闱，怎可轻恕？今日不诛，后悔无及了。"

上官婉儿并不害怕，只是不明白自己为何会遭到这样的对待，她平静地问道："王爷何出此言？"

"你说这遗诏是真的，明明先帝有意要立相王为皇太弟，进而继承王位，可你这遗诏上却说相王只是参与辅政。这分明是你伪造的，伪造诏书，其罪当诛。"

刘幽求见上官婉儿临危不乱，心生敬佩，求情道："王爷，恐怕这里面有误会，不如我们和镇国公主求证下。"

"不必，来人，杀了这个女人。"

上官婉儿没想到，自己和祖父上官仪居然有着同样的命运，都会因区区一份诏书而命丧黄泉。其实，权力斗争从没有她想象的那么单纯，李隆基不过是想自己当皇帝，而前提就是让自己的父亲先当上皇帝。所以，她必死无疑，因为她的存在，他无法实现自己的野心。他明白，太平公主的功绩不亚于李旦，谁做皇帝真的是个未知数。而她上官婉儿，也因为自己的才华和能干，于李隆基而言显然也是一个潜在的威胁。她是生活在权力旋涡中的女子，注定要为权力殉葬。

“我死不足惜，只是希望你别辜负你父亲对你的教育。”婉儿说完这句话，就闭上了眼睛，她感到一把剑刺穿了自己的胸膛，整个人有种轻飘飘的浮在空中的感觉。接着，随着一声沉重的坠落声，一代才女上官婉儿永远地离开了这个世界。

李隆基命令手下人继续进攻，看到韦姓的人，格杀勿论。刘幽求紧随其后，他在离开之前，不经意地回头看了一眼上官婉儿被鲜血染红的身体，就像一朵黑夜中静静开放的睡莲，而她的尸体前正飘扬着象征皇权的唐朝国旗。

第六节

斯人已逝

李隆基在成功地除掉专权的韦氏之后，第一件事就是废掉了唐殇帝李重茂，拥立自己的父亲李旦登上了皇位。

李旦没有想到自己的儿子能够如此顺利地除掉野心勃勃的韦氏，他深感欣慰。但当他问到上官婉儿的去处时，李隆基显然有些顾左右而言他，李旦疑惑道："上官婉儿何在？"

李隆基说道："死于兵变那天，是我让人除掉她的。"

"你怎么能够这么做？她也算是太平和我这边的人，正因为她多次给我们通风报信，事情才能够进展得如此顺利。"

其实，李隆基心中很明白，李旦生气的原因根本不是自己杀害了同阵营的上官婉儿，而是他早年就对上官婉儿有情，只是多年来韬光隐晦，将此感情藏得很隐蔽罢了。但他不能让这样的女人在父亲的身边，她太过能干，可能会成为第二个武则天，或者韦后。

“请父皇责罚，儿臣愿意承担一切责罚。”

江山是自己的儿子打下来的，父子两人从小相依为命，李旦怎么忍心真的去责怪儿子呢？他是个君王，不能感情用事，既然斯人已逝，能做的也只有好好生活，做一个英明的君主，以慰婉儿的在天之灵。再想起上官婉儿的时候，他也只有怀着遗憾和愧疚的心情了。

太平公主因此次参与策划了政变而得以晋封万户，这是本朝公主从未享受过的殊荣，也因为此，太平公主的权势无人能及。当她兴奋地想要跟自己的好友上官婉儿分享的时候，却痛心地接受婉儿已死的事实。

她明明跟儿子薛崇简说过，在进入皇宫之后要找到上官昭容，把她带回太平府里来。薛崇简当时也是满口答应，并保证上官婉儿肯定会毫发无损。但现在，她甚至都没有见到婉儿的尸体。

“崇简，你为什么没有兑现自己的诺言？上官婉儿死了。”

“母亲，临淄王要杀她，我也没有办法。刘幽求大人也求情了，但临淄王不听。”

太平公主痛心地看着自己的儿子，想到自己如今又攀上了一个权力的高峰，却没有了好友上官婉儿与她分享胜利的果实，总觉得有些味同嚼蜡般的寡淡之感。

她恨自己低估了侄儿李隆基的政治野心，他肯定不会允许婉儿这样的女人继续存在于宫廷。但婉儿是她的人，这分明是对她镇国公主权威的挑战。想到侄儿李隆基那张英气勃发的脸，她莫名生出一种厌恶的感觉。

她必须做些什么，以纪念和缅怀这个陪伴自己多年的才女。

李旦成为皇帝的第二天，举国同庆，他也举办了一场家宴，将李家仅剩的几个亲人通通叫了过来。太平公主和驸马，还有她的几个孩子悉数到场。李旦问及妹妹太平公主的近况。

太平公主便趁机说道："我近日总是睡不安稳，梦中总有故人的影子反复出现。"

"哪一位故人?"

"显的昭容，上官婉儿。我想她才华横溢，在武、李两家的政治风波中总能全身而退，却死于我们发起的政变，实在可惜。"

李旦听到太平公主话里的暗示，心中有些难过。毕竟，如果不是李隆基为了让他登基，也不会把事情做得这么绝。我不杀伯仁，伯仁因我而死。这样的感觉让他痛苦。

"我们能为她做些什么?"李旦主动问道。

"皇上，我只是希望您能够编纂她的诗歌和文章，算是对她的纪念吧。还有婉儿的墓，我已经差人去修整了。"

李旦听了妹妹太平公主的建议，连声称赞，传旨要手下的人赶紧去办，全部按照公主的意思来。

李隆基眼见着父皇对太平公主言听计从，心中很不是滋味。他刚刚被立为太子，还未站稳脚跟，急需壮大自己的力量，但太平公主却像一座高山，横亘在他和父皇面前。

从小到大，几个兄妹之间，李旦是最疼爱太平公主的。两兄妹在彼此艰难的岁月中相互搀扶着一路走来，终于熬到了现在。太平公主很高兴。李旦凡是朝政上的大事都要询问她的意见，如果有重大事项未经过她，便会第一时间差人来问政。而太子李隆基也是处处讨好她，像是得罪了她就会失去太子的尊位一样。毕竟李隆基是李旦的三儿子，并非长子，若不是因为杀掉韦氏、拥立李旦有功，肯定不会成为太子。

但太平公主和李隆基的矛盾从上官婉儿死后就开始埋下了。随着太平公主的儿子们相继封王，太平公主的势力不断壮大，朝堂之上，俨然只有太平公主一人说话的份儿了，他这个太子简直是形同虚设。

李旦在儿子李隆基和妹妹太平公主之间左右为难。当他察觉到儿子对太平公主有所不满的时候，只得在朝廷上多多顾念儿子，但这又伤害了妹妹太平公主的心。无论他作出什么选择，都会伤害他们中的一个人。

“旦哥哥，是他害死了婉儿，你难道要让这样冷血无情的人继承你的位子吗?”太平公主动之以情，希望能够打动李旦。

“妹妹，我知道隆基不该杀害婉儿。但事已至此，总不能让他以命相抵吧?”

“亏我还以为你对婉儿是真心的，看来她的生命在你眼中不过如草芥罢了。”

两个人因为已经死去的上官婉儿吵了起来。在上官婉儿刚刚去世的时候，太平公主没有找李隆基兴师问罪，只是想告慰亡灵。但如今李隆基开始威胁到她的地位了，她便将上官婉儿搬出来，以此来责怪李旦，这让李旦觉得很不舒服。

现在，李隆基甚至拉拢到了太平公主最为疼爱的儿子薛崇简支持自己，致使太平公主和薛崇简母子之间反目。因此，太平公主更坚定了要废掉太子的心。

“唉，你们每个人都是为了自己，你没有资格提起婉儿的名字，包括我在内。”李旦很少对妹妹发这么大的脾气。

“其实，婉儿何尝不是为了自己。我们从出生就注定被权力所捆绑，无法自由。有时候，我真的羡慕婉儿可以早早解脱。或许，应该感谢隆基才对。”

公元 712 年，李旦又作出了人生中第二次禅让帝位的决定，与第一次被迫让给母亲武则天不同，这次他主动将帝位让给了其子李隆基，被李隆基尊为太上皇。一年后，太平公主因涉嫌谋反被唐玄宗李隆基赐死于家中。

附　上官婉儿诗词

《九月九日上幸慈恩寺登浮图，群臣上菊花寿酒》

帝里重阳节，香园万乘来。却邪萸入佩，献寿菊传杯。

塔类承天涌，门疑待佛开。睿词悬日月，长得仰昭回。

《彩书怨》

叶下洞庭初，思君万里馀。露浓香被冷，月落锦屏虚。

欲奏江南曲，贪封蓟北书。书中无别意，惟怅久离居。

《驾幸三会寺应制》

释子谈经处，轩臣刻字留。故台遗老识，残简圣皇求。

驻跸怀千古，开襟望九州。四山缘塞合，二水夹城流。

宸翰陪瞻仰，天杯接献酬。太平词藻盛，长愿纪鸿休。

《驾幸新丰温泉宫献诗三首》

三冬

三冬季月景龙年，万乘观风出灞川。

遥看电跃龙为马，回瞩霜原玉作田。

鸾旗

鸾旗掣曳拂空回，羽骑骖驔蹑景来。

隐隐骊山云外耸，迢迢御帐日边开。

翠幕

翠幕珠帏敞月营，金罍玉斝泛兰英。

岁岁年年常扈跸，长长久久乐升平。

《游长宁公主流杯池二十五首》

逐仙

逐仙赏，展幽情，逾昆阆，迈蓬瀛。

游鲁

游鲁馆，陟秦台。污山壁，愧琼瑰。

檀栾

檀栾竹影，飙飑松声。不烦歌吹，自足娱情。

仰循

仰循茅宇，俯眄乔枝。烟霞问讯，风月相知。

枝条

枝条郁郁，文质彬彬。山林作伴，松桂为邻。

清波

清波汹涌，碧树冥蒙。莫怪留步，因攀桂丛。

莫论

莫论圆峤，休说方壶。何如鲁馆，即是仙都。

玉环

玉环腾远创，金埒荷殊荣。弗玩珠玑饰，仍留仁智情。

凿山便作室，凭树即为楹。公输与班尔，从此遂韬声。

登山

登山一长望，正遇九春初。结驷填街术，闾阎满邑居。

斗雪梅先吐，惊风柳未舒。直愁斜日落，不畏酒尊虚。

霁晓

霁晓气清和，披襟赏薜萝。玳瑁凝春色，琉璃漾水波。

跂石聊长啸，攀松乍短歌。除非物外者，谁就此经过。

暂尔

暂尔游山第，淹留惜未归。霞窗明月满，涧户白云飞。

书引藤为架，人将薜作衣。此真攀玩所，临睨赏光辉。

放旷

放旷出烟云，萧条自不群。漱流清意府，隐几避嚣氛。

石画妆苔色，风梭织水文。山室何为贵，唯馀兰桂熏。

策杖

策杖临霞岫，危步下霜蹊。志逐深山静，途随曲涧迷。

渐觉心神逸，俄看云雾低。莫怪人题树，只为赏幽栖。

攀藤

攀藤招逸客，偃桂协幽情。水中看树影，风里听松声。

携琴

携琴侍叔夜，负局访安期。不应题石壁，为记赏山时。

泉石

泉石多仙趣，岩壑写奇形。欲知堪悦耳，唯听水泠泠。

岩壑

岩壑恣登临，莹目复怡心。风篁类长笛，流水当鸣琴。

懒步

懒步天台路，惟登地肺山。幽岩仙桂满，今日恣情攀。

暂游

暂游仁智所，萧然松桂情。寄言栖遁客，勿复访蓬瀛。

瀑溜

瀑溜晴疑雨，丛篁昼似昏。山中真可玩，暂请报王孙。

傍池

傍池聊试笔，倚石旋题诗。豫弹山水调，终拟从钟期。

横铺

横铺豹皮褥，侧带鹿胎巾。借问何为者，山中有逸人。

沁水

沁水田园先自多，齐城楼观更无过。

倩语张骞莫辛苦，人今从此识天河。

参差

参差碧岫耸莲花，潺湲绿水莹金沙。

何须远访三山路，人今已到九仙家。

凭高

凭高瞰险足怡心，菌阁桃源不暇寻。

馀雪依林成玉树，残霙点岫即瑶岑。